서양습관

문종술

도서출판 고려동

책머리에

지금까지 검사, 판사, 변호사, 교사, 교수로서 법조와 교육현장 등 사회과학분야에서 살아온 사람으로써 뇌를 중심으로 하는 자연과학적 현상이나 사고를 사회과학적 시각에서 검토하고 즐기듯이 오기 부리며 이 책을 썼다.

그러나 나는 당신이 이 책을 읽음으로써 "아무리 삶의 현실이 고달프더라도 긍정적이고 즐겁게 살아야 하는 확실한 이유를 알것이요 누구나 스스로 큰 능력자로서 계속 성공할 수 있다는 사실을 증거로써 믿게 하여 '안돼'는 '돼'로 '할 수 없어'는 '할 수 있어'로 우리의 행동패턴이 바꾸어지리라"는 사실을 확신한다.

1초에 770만개, 하루에 6652억 개의 새 세포가 몸에서 새로 태어나는 사실을 당신은 아는가. 우리의 몸은 60조 개의 세포로 구성되어 있고, 그 60조 개의 세포는 두 세 달 안에 완전히 새 세포로 교체 된다고 한다. 그렇다면 1초에 770만 개의 세포가 죽고 그 만큼의 새 세포가 새로 생겨난다는 계산이다. 1초에 770만 개의 새로 생겨나는 당신 몸의 세포가 모두 생기발랄하고 튼튼한 우등 세포들이라면 참으로 당신의 삶은 힘차고 신날 것이다.

1초에 생겨날 770만 개의 새 세포를 모두 튼튼하고 강력한 세포로 태어나게 하려면 어떻게 해야 할까.

긍정적이고 낙관적이며 열정을 가지고 사는 사람은 튼튼하고 강한 새 세포가 태어나기에 가장 좋은 신체조건이다. 그런 조건에서 태어나는 새 세포라면 분명 맥 빠진 사람에게 힘차게 일어설 힘을 주고 말기 암이나 불치병도 능히 퇴치할 기적을 만들어 낸다. 그러므로 어른이나 아이나 학생이나 직장인이나, 지금 이 시간이 아무리 어렵더라도 비관하거나 슬퍼하지 말고 긍정적이며 열정을 가지고 즐겁게 살아야 하지 않겠는가.

사람은 잠재력이라는 큰 능력을 갖고 관리하면서도 외부환경은 거의 통제할 수 없으되 외부환경에 반응하는 각자의 사고방식만은 통제할 수 있음이 밝혀졌다.

사업을 시작하여 밑천의 반을 날린 사람이 "아직 사업자금이 반이나 남았네"하는 것과 "벌써 사업자금의 반이나 날렸네"하는 사고방식의 어느 한쪽의 생각을 선택하여 그 자리에 주저 앉거나, 다시 시작하는 삶과 밤 3시 잠에서 깨어나서 "아직 한밤중이다" 또는 "곧 새벽이다" 하는 어느 한쪽의 생각을 선택하여 그에 따라 다시 잠을 자거나 할 일을 준비하는 자유의지를 우리는 갖고 있다.

사람들이 각자의 삶에서 가장 중요한 자유의지와 긍정적 사고방식의 선택권은 외면하면서 외부환경에서 긴급함을 찾아 허둥대는 모습은 마치 자신이 운전할 차는 정성껏 관리하면서 진짜 소중한 그 차를 운전할 자신에게는 무관심한 어리석은 우리의 모습이 아닐 수 없다.

사람은 성공하고 행복하도록 태어났다. 그런데도 "나는 성공할 능력도 없고, 성공하지도 못했으며 실패만 자주하는 후회스런 삶을 산다"고 푸념하는 사람이 주위에 너무 많다. 그들처럼 불행하게 살기에는 우리 인생은 너무나 귀하고 짧다.

그들의 변명을 들어보면 자신들은 지금까지 잘하고 성공한 것 보다 잘못하고 실패한 것이 훨씬 많아 성공과 행복은 자신들에게서 너무 멀리 있다는 것이다.

그런 부정적이고 소극적인 생각이 앞날의 성공을 계속 야금야금 갉아먹어 결국은 실패한 삶으로 살아가게 만드는 것이다.

그러나 그들의 지난 삶을 점검해 보자. 가까이 어제와 오늘 한 일을 하나씩 떠올려 보자. 그들은 어제도, 오늘도 수많은 성공을 하여 그 덕택으로 지금도 살아있는 사실을 바로 확인할 수 있다. 그들의 일상은 잠을 자고 아침에 일어나 운동을 하고, 식사를 하며 하루 일을 준비하고 집을 나서 걷거나 차를 타고 현장으로 나와 해야 할 그 일을 오늘도 성공적으로 하고 있는 것이다.

사람들이 감사하거나 축하하지 않고 그냥 내팽개쳐버린 그 성공적 행동을 장애아나 재활치료 중인 사람들은 오늘도 비지땀을 흘리며 단 한가지라도 성공하고자 혼신의 힘을 다하고 있다. 당신은 오늘만도 그렇게 많은 성공을 하였고 지금까지 셀 수 없을 만큼 수십만 가지의 성공을 하면서 살아왔다.

그런데도 당신은 그 수십만 가지의 성공의 강물 위에 떠 있는 겨우 수십 가지, 수백 가지의 티끌 같은 실수나 실패를 기억하면서 지금도 그 일을 떠 올리며 자신을 무능력하고 형편없는 사람으로 내몰고 있는 것이다. 결코 희망적으로, 좋게 생각하며 살라는 빈말이 아니다.

당신의 삶에서 실패보다는 성공이 너무나 많았고 그 성공을 자신이 해 낸 사실 그대로를 바로 알아서, 근거도 없이 자신을 학대하면서 살지 말라는 안타까운 충고의 말을 하는 것이다. 실패에 대해서만 후회하면서 계속 붙들려 있지 말고 그 많은 성공에 대해 만족하고 기념하며 거듭 축하함으로서 긍정적이고 적극적으로 자기의 성공실체에 맞게 즐겁고 행복하게 살라는 것이다.

그러기 위해서는 성공일기를 적고 아무리 작은 성공이라도 축하하고 기념함으로서 실패를 억누를 수 있는 힘을 길러야 한다.

등산이면 등산, 달리기면 달리기, 공부면 공부에서 정한 목표를 성공하면 뇌는 성공의 신경회로를 만들어 그 성공을 축하한다.

다음 목표까지 계속 성공하면 처음 만들어진 성공신경회로 옆에 성공의 신경회로가 계속 만들어져 끝내는 큰 성공의 신경회로 다발이 되고 성공이 습관으로만 되면 앞으로는 성공신경회로 다발의 힘으로 자동적인 성공을 이루어 낸다.

시중의 자기계발서에는 '움직이지 않는 목표', '흔들리지 않는 믿음', '잠재력'이 꿈꾸고 바라는 모든 것을 이루어 낸다고 말하지만 나는 목표나 믿음, 잠재력이 아니라 성공습관이 우리가 정한 목표를 이루어내는 근본적인 힘이라고 확신한다.

일반적으로 사람들의 목표나 믿음은 과거나 경험에 근거하거나 그런 기준에서 이루어지는 경우가 많다. 그러나 실패한 과거를 기준으로 목표를 정해서는 절대 안 된다.

 성공을 기억하지 못한 패배주의자의 못난 과거에서 세운 목표는 나약하고 힘이 없지만, 성공을 계속하여 성공습관이 된 진취적이고 적극적이며 긍정적인 마음 상태에서 세운 목표는 크고 강하여 가치있는 목표가 될 것이기 때문이다.

 믿음에 큰 힘이 있는 것은 누구도 부정할 수 없지만 실패한 과거나 경험에 터 잡은 믿음은 성공을 기대할 근거가 없기에 의심이 깃들거나 쉽게 의심에 물들기 쉬운 온전한 믿음이 아니어서 큰 힘을 기대할 수도 없다.

 믿음에 근거가 있을 때 믿음은 태산도 움직일만한 큰 힘을 갖는다. 성공습관이 된 사람의 성공의 신경회로다발은 한 점 의문없이 목표를 이루어낼 것으로 확신하게 하는 것이다.

 뇌의 전두엽은 그 사람의 미래를 기억한다.

 전두엽에 자신의 미래기억을 확실히 심어 놓기만 하면 전두엽의 안내에 따라 그 미래기억은 반드시 성취된다. 성공습관에 따라 세운 확정적인 큰 목표와 굳은 확신은 전두엽에 보다 분명한 미래기억을 심어준다.

 당신은 능력자요, 생각의 관리자로서 성공과 실패, 행복과 불행의 자락은 모두 당신 자신에게 달려 있다. 자신의 성공을 자축하며 계속 계획하고 성공하여 성공습관을 기르면 가치있는 목표를 세우고 확신에 찬 실천으로 성공 인생으로 살 수 있다.

 이 책은 쉬운 일상생활을 통해 성공습관을 확실하게 기르는 방법을 알려주고자 한다.

사람은 누구나 독특한 존재로써 태어나 각자의 색깔로 살아가고 있다. 그러므로 누구의 삶에도 그 사람만의 특성이 나타나기 마련이고 그것이 다른 사람들에게 가르침을 줄 수 있다.

나는 내가 걸어온 삶에서 터득한 독특한 경험을 다른 사람에게 전해주고 싶은 강렬한 충동을 느낀다.

나는 가난한 집 아들이 꿈을 이루려면 열심히 공부하여 성공하는 길밖에 없다는 사실을 일찌감치 깨치고 학창시절 공부에만 전념했고, 그때는 공부하는 것만이 즐거웠다. 그로인해 계속된 수석의 영광은 공부의 길을 열어주었을 뿐 아니라 나에게 유일한 행복과 즐거움도 주었다.

나는 최근 출간된 '공부 잘하는 방법'에 관한 책을 읽었다. 공부에는 달인이라고 자부해 온 나로서 '그게 아닌데' 하는 생각을 떨쳐버릴 수 없었고 그 책들이 안내하는 공부 방법에 전적으로 동의할 수 없었다.

어떻게 사는 게 진짜 잘사는 건지 크게 고민해보지 않고 죽자 살자 공부만 하면서 최단기간 내 다수반복을 하면서 그저 앞만 보고 숨 가쁘게 달려왔던 것이 나름대로 나에게 공부의 달인이 되도록 성공습관을 얻게 하였고, 성공습관이야말로 공부나, 사업 등 모든 의미 있는 목표의 성취를 위한 지름길임을 확신한다.

그리하여 공부에 파묻혀 내가 얻은 성공습관을 많은 사람들에게 온전히 전하여 그것이 꿈을 이루는 길잡이가 되기를 기대하는 것이다.

이 책은 물론 나의 경험과 지식만으로 쓰여진 것이 아니라 이전의 많은 창의적 사색가들의 연구와 저서에 기반을 두고 만들어진 것이다.

이 책의 연석이 필자다. 그러나 시대를 20년 정도 옮기고 교사와 가정교사의 경험을 중심으로 구성하되 배경이나 기간, 인물 구성에서 필자의 실제 경험과 일부 다르게 구성한 점이 있음을 밝힌다.

기장 용소리에서
저 자

차 례

책 머리에 · 5

1. 성공의 길을 묻다 · 15

2. 효과적인 성공 연습 · 55

3. 성공습관 · 79

4. 잠재력 · 103

5. 진두엽에 미래기억을 세기지 · 135

6. 목 표 · 143

7. 믿 음 · 179

8. 실천 · 연습 · 203

9. 종업식 · 221

10. 꿈의 시작과 이별 연습 · 225

1. 성공의 길을 묻다

갯가 버드나무 가지에 연두색 물이 오르는 2월 하순이지만 뚝섬유원지는 아직 겨울 끝자락이라 풍경이 쓸쓸하기만 하다. 약속시간보다 늦게 도착한 상수가 숨을 헐떡이며 연석에게 광고 쪽지를 하나 불쑥 내민다.

"고판, 이것 좀 봐"

이상수와 고연석은 중학교 동기동창으로 가까운 친구다.

연석은 사법시험에 합격한 뒤 경제적인 문제로 연수원 입교를 한 해 미루느냐, 마느냐를 결정해야 하는 중요한 때다.

광고에는 이렇게 적혀 있었다.

> **급   구**
> 초5, 중2를 책임질 입주 가정교사
> 보수 최고, 성과급 지급
> 사람 만들 자신 있는 경력자.
> Tel 256-3355 안사장

싸늘한 강바람이 살을 파고드는데 광고를 훑어본 연석의 가슴은 뜨거운 기운으로 소용돌이친다. 어떤 어려운 일이 있어도 3월에는 연수원에 입교하는 것이 순리지만 눈앞에 닥친 상황은 그렇지 못하다.

연수원 생활은 시험준비시절 이상으로 열심히 공부만 해야 하는 그야말로 불꽃 튀기는 생존 경쟁의 현장이라 한눈 팔 여가가 없다고 한다. 그러나 연석의 현실은 입교 후에도 많은 시간을 빼앗기는 아르바이트를 모면할 도리가 없어 광고를 보고 나자 마음은 어수선하기만 하다. 오랜만에 강바람을 마시며 답답한 마음을 씻고 둘이 소주 한 잔 하자던 만남이 심각한 상황에 부딪쳐 무거운 침묵만이 흘렀다.

어려운 집안형편에 학비를 벌려고 중학생 때부터 농사일이나 가정교사 등 안 해본 일이 없던 연석의 오뚝이 인생도 이번 문제만은 선뜻 결정을 못내리고 번민을 계속한다.

끝내는 안사장에게 전화를 걸어 그날 밤 9시에 광화문 시민회관 옆 초원다방에서 만나기로 약속한 뒤 뚝섬유원지를 할 일 없이 배회하다가 버스를 타고 광화문에 내렸을 때는 이미 어둠이 짙게 깔린 뒤였다. 연석은 약속시간이 많이 남아 광화문 일대를 서성대면서 지난 세월을 되돌아본다.

서울에 올라온 뒤 가정교사와 야간대학, 초등학교 교사와 아르바이트로 숨 가쁜 생활을 하다가 사법시험에 합격했을 때의 감격적인 순간은 평생 잊을 수 없다. 참으로 힘들고 긴 시련의 시간들이었으나 목표를 달성하고 보니 고생은 아름다운 추억으로 간직되고 가슴 뿌듯한 축복이었다. 성급한 생각으로 고생이 끝난 줄 알았는데 세상은 그게 아니었다.

안사장은 어떤 분일까. 그 광고의 사람 만들기는 무슨 뜻일까. 아이들을 제대로 가르쳐 주면 과연 넉넉한 보수를 줄까. 그런 생각들이 머릿속을 가득 메우고 있다.

　연석이 초원다방으로 들어서자 약속시간이 이른데도 스포츠 머리를 한 건장한 남자가 일어선다. 씩씩하다는 인상이다. 몇 마디 대화를 하다 보니 안사장은 말투가 다소 직설적이긴 하나 솔직하고 상대방을 배려하는 인격자로 보인다.

　인사가 끝난 뒤 상수가 성급하게 아이들을 사람 만들면 보수는 얼마나 줄 거냐고 하자 안사장은 호탕하게 웃으면서 보수는 원하는 대로 주어야지 하면서 말썽꾸러기 아이들을 가르쳐 본 적이 있느냐고 연석에게 묻는다.

　본격적으로 면접에 돌입한 셈이다. 돈 이야기가 나와서 그런지 지금 연석의 마음은 연수원 입교는 뒷전이고 안사장의 마음에 들어 일을 시작하고 아이들을 진짜 사람으로 만들어 넉넉한 보수를 받게 되기를 바라는 것뿐이다.

　"저는 가정교사를 5년, 초등학교 교사를 3년 했습니다. 그런 경험에서 가르치는 일에는 누구보다 자신이 있습니다."

　상수가 또 베이스를 넣는다. "이 친구는 초등학교 교사를 그만두고 절에 들어가 4개월 만에 사법시험을 우수한 성적으로 합격했습니다. 곧 판사가 될 것으로 알고 우리는 이 친구를 '고판'이라 부르지요. 이 친구는 한번 한다고 하면 무슨 일이든 하는 사람이고 지금까지 하기로 작정한 일 중에 못한 일이 없는 천재입니다."

　뭐 천재라고? 제발 그런 소리 하지 말라고 했는데 해명하고 싶지만 장소가 장소인지라 연석은 말을 참는다.

안사장은 본인을 서울 근교 모 부대의 인사참모인 현역 육군중령 안태수라고 소개하며 유복한 집안의 외동딸 조수진과 결혼하였는데 처가에서 넘겨 받은 서울 변두리 부동산 시세가 폭등하여 재력가가 되었다는 말과 군 생활을 하면서 잦은 전근으로 애들도 자주 전학하여 정서적으로 많이 불안하다는 말을 하였다.
  연석은 자신의 경험이라며 말한다.
  "자녀들을 잘 키우려면 무조건 사랑해 주어야 하지만 먼저 모든 생활에 확실한 경계를 정해놓을 필요가 있습니다. 진정으로 자식을 사랑하는 부모는 경계를 잘 가르쳐야 하지요. 자녀들에게 자율과 책임을 함께 주는 겁니다. 해도 되는 것과 안 되는 것에 대한 경계와 규칙을 명확히 정하고 나면 부모는 뒤로 물러서고 스스로 알아서 하도록 내버려둬야 하지요. 물론 부모는 자녀들이 무엇을 하는지 주의 깊게 관찰해야 하지만 불필요한 참견을 해선 안 됩니다. 자식이 잘못된 행동을 하더라도 잘못을 지적하여 고치도록 해야지 자식의 성격에 대해 야단쳐서는 곤란하지요. 벌을 주기보다 잘못을 알고 책임을 수용할 수 있도록 해야 아이들도 잘못을 인정하고 고쳐야겠다는 책임을 느끼게 됩니다."
  안중령은 활기찬 어조로 조리 있게 말하는 연석을 보고 대단히 흡족해 하면서 이렇게 만난 것이 행운이라며 애들을 잘 부탁한다고 손을 내민다.
  3월 3일(화요일)은 연석의 사법시험 동기생들이 연수원에 입교하는 날이다. 연석은 고심 끝에 연수원 입교를 한 해 미루기로 작정했음에도 왠지 마음이 착잡하다. 연수원을 빨리 수료해야 임관이 그만큼 빨라지는데 눈앞에 닥친 생활문제 때문에 한 해를 미루고 하필 오늘 연수원이 아닌 가정교사 집으로 들어가야 하다니.

사법시험 합격소식을 듣던 날 세종로에서 흑석동행 버스를 타고 귀가할 때의 기분과는 딴판이다. 얼굴에 웃음을 가득 띄운채 아무나 붙들고 말을 걸어 자랑하고 싶을 정도로 세상이 온통 장밋빛 이었다. 그러나 지금은 마음이 무겁고 걱정도 된다. 다시 시험 준비기간 이전의 상황으로 돌아가 어떻게 하면 가정교사 일을 잘 할 것인지 골똘히 생각하면서 세검정행 버스에 앉아있다.

안중령의 집은 큰 길에서 100여 미터 떨어진 고급 한옥주택가에 있었다. 대문 옆에는 차 두 대가 들어가는 주차장이 있어 이 집의 형세를 짐작케 한다. 안으로 들어서니 넓은 정원에 잘 다듬은 큰 소나무 3그루가 버티고 있다. 별채에는 연석이 거처할 방과 아이들의 공부방 2개가 나란히 붙어있고 안채는 큰 방 2개와 응접실을 갖춘 큰 대청마루, 주방과 붙은 식당 방이 있다.

나이보다 젊어 보이는 조여사가 연석을 공손하게 넓은 응접실로 안내한다. 곧이어 안중령이 밖에서 아이들과 들어왔다. 중학교 2학년 석준과 초등학교 5학년인 경서다.

안중령이 연석을 반갑게 맞으며 "선생님께 인사해야지" 하자 아이들이 합창으로 "선생님 안녕하세요." 하고는 욕실로 가서 손발을 씻고 가운을 갈아입고 나온다. 그리고 애들은 말이 없다. 연석은 아이들이 순하다고 여겨져 우선 마음이 놓인다.

식사 후 안중령 부부는 아이들을 내보내고 차를 마시면서 아이들이 공부나 학교생활에 흥미가 없고, 특별히 하고 싶어 하는 것도 없으며 친구 관계도 원만하지 않아 걱정이라면서 아이들의 정서불안을 없애고 성격이 밝아 지도록 특별히 잘 가르쳐 달라고 부탁한다.

연석은 아이들이 착하니까 잘 할 거라면서 사람 만들 자신 있는 경력자를 구한다고 했는데 구체적으로 무슨 뜻인지를 물었다.

안중령은 육사를 졸업한 직업군인으로 가정보다 직장 일을 우선에 두고 아이들 교육은 전적으로 부인에게 맡겼다. 초등학교 중반까지는 모두 학교성적이 상위권이고 선생님이나 부모 말도 잘 따르고 친구관계도 원만하였으며 성격도 쾌활하였는데 최근에 아이들을 대할 시간이 많아 유심히 관찰해 보니 무슨 이유인지 모르나 자립심이 없고 주위의 누구 말도 잘 듣지 않으며, 친구들 간에도 점점 외톨이가 되어 가고, 성적은 떨어지며 성격까지 거칠어지는 것 같아 그런 것들을 고쳐 그전처럼 발랄하고 의욕이 넘치는 아이들로 만들고 싶어 그런 표현을 썼다는 것이다. 덧붙여 그동안 가정교사를 세 사람이나 바꿨는데 기대하는 성과가 없었다면서 선생님과 부모를 존경하고 친구를 좋아하고 공부도 잘하며 성격도 밝게 바뀌도록 해 달라고 부탁한다.

연석은 생각에 잠겼다. 어떻게 애들을 다루어야 하나, 그간 자신의 경험으로 볼 때 이상한 일이 아닐 수 없다. 그러나 곧바로 "잘 될 거야. 걱정할 것 없어."하면서 애들과 이야기를 한다. 둘 다 몇 살이냐, 아빠가 좋으냐는 말에는 대답을 곧잘 하더니 공부에 관한 질문을 하자 아예 말문을 닫는다. 말이 없으니 분위기가 썰렁하다. 연석은 바로 분위기 파악을 잘못 했다는 것을 느끼고 태도를 바꾸어 오늘은 공부나 어려운 질문은 피하자면서 석준에게 묻는다.

"담임선생님은 무슨 과목을 가르치니?"

"사회요."

"담임선생님 좋아해?"

"아뇨."

"넌 사회과목 좋아해?"

"아뇨."

"그럼 무슨 과목이 좋은데?"

"좋아하는 과목 없어요."

"그래? 운동은 좋아하겠네."

"운동도 안 좋아해요." 너무나 의외의 대답이다.

"학교생활 재미없어?"

"예."

"친구들과 재미있게 놀지 않니?"

"예".

계속 질문을 부정적으로 하자. 대답은 바로 예라고 나온다.

옆에서 듣고 있던 경서에게 물어본다.

"학교 가는 것 싫어?"

"예."

"친구들과 잘 안 어울리니?"

"예."

"담임선생님 싫어해?"

"예."

"경서도 사회과목 싫어해?"

"예."

경서에게는 의도하지 않았으면서도 부정적인 질문만 해 대자 대답도 바로바로 "예"다. 10여 분간의 대화에서 연석 자신도 아이들과 같이 부정적 감정의 늪에 빠져 들어가는 느낌이 들어 흠칫 놀랐다. 연석은 경서에게 미안한 마음이 들어 기분을 풀어주려고 어머니한테 칭찬받은 이야기를 해 보라고 하자 경서는 별로 없었다고 하면서 한참 후 연석의 표정을 살피더니 2학년 때 집에 놀러온 친구가 무릎을 다쳐 약을 발라준 일을 칭찬해 주셨다고 말한다. 요사이는 친구가 집에 놀러오지 않느냐고 하니 지금은 친한 친구가 없고 집으로 놀러오는 친구도 없다고 한다.

그래도 서로 조금이라도 좋아하는 친구는 있겠지 하자, "진영이요. 4학년 때 짝지였는데 5학년이 되어서도 같은 반이 됐어요. 진영이는 좋은 아이예요." 라고 말한다.

진영이의 전화번호를 아느냐고 묻자 전에는 알고 있었는데 오래 전화를 하지 않아 잊어버렸다면서 기분이 좋아진 듯 열심히 옛날 수첩을 찾는다. 연석은 경서가 외롭겠다는 생각이 들어 진영에게 전화를 걸고는 "경서가 진영이 보고 싶다는데 전화 받아볼래"하자 진영이 좋다고 하여 연석은 전화기를 경서에게 넘겼다. 연석과 석준이 밖으로 나갔다 한참 후 들어오니 둘은 아직도 학교에서 있었던 일로 통화를 하면서 깔깔댄다.

통화를 끝낸 경서는 오늘 학교에서 진영이가 다른 친구와 말다툼을 하는 걸 보고도 못 본척하고 그냥 와 버린 것이 마음에 걸렸는데 진영이와 통화하면서 미안하고 울적했던 마음이 다 풀렸다며 "선생님 고마워요"하고 미소 짓는다. 조금 전 우울했던 표정과는 전혀 딴판이다.

연석은 경서에게 내일부터는 진영에게 전화하여 각자 하루에 한 가지씩 무엇이든지 번갈아가며 설명을 해주면 더 친해지고 할 이야기도 많아질 거라고 말했다.

그날 밤 연석은 아이들을 어떻게 대우해야 할지, 학습이나 생활지도는 어떻게 할지 오래 생각하다가 늦게 잠이 들었다.

이튿날 연석은 조여사와 차를 마시면서 아이들에게 어떤 문제점이 있는지, 무엇을 잘하고 무엇을 좋아하는지, 커서 뭐가 되려고 하는지, 부모의 바람은 무엇인지 이것저것 이야기를 주고 받았다.

석준은 계획성이 없이 무기력하게 하루하루를 보내고 있고, 경서도 자신감이 없는 것이 문제라면서 학교성적도 둘 다 하위 그룹에 속한다고 한다. 석준은 게임을 좋아하고, 경서는 만화그리기를 좋아하지만 공부를 싫어하여 게임이나 만화그리기를 못하게 말리고 있는데 아이들이 뭘 잘하는지, 장래희망이 뭔지는 솔직히 자기도 잘 모른다고 한다.

어머니는 아이들이 장래 어떤 사람이 되기를 바라느냐는 물음에 조여사는 석준은 의사, 경서는 교수가 되었으면 좋겠는데 부모는 충분히 뒷받침을 해줄 수 있지만 애들이 따라오지 못할 것 같아 걱정이라고 한다. 연석은 부모가 자녀들의 장래를 걱정하면서 큰 소망은 갖고 있지만 진정한 관심이 없으며 학습이나 행동에 변화를 주어야겠다는 절박한 심정도 아님을 간파한다.

  연석은 아이들의 학교생활이나 과외 등 모든 일상생활과 용돈이나 선물을 주는 일부터 기상과 취침, 식사방법까지 모든 생활의 통제·관리를 모두 자기에게 맡겨 달라고 부탁했다.

  아이들이 생활이나 학습 면에서 전반적으로 변화가 있어야 하는데 그 변화는 일관성이 있어야 하고, 명백한 규율을 정해놓고 즐겁게 그 규율을 따르며 생활하게 하여 모든 학습이나 생활을 통하여 성공습관을 길러주는 것이 애들을 위한 최선의 방법이라고 설명하자 조여사는 선생님만 믿겠다면서 전적으로 연석을 신임해 주었다.

  연석은 아이들의 일상생활과 학습능력계발을 구상하면서 1차 계획표를 만든다.

생활계획표(1차)
3. 5.(목) ~ 3. 18.(수)

석 준	시 간	경 서
기 상	06:00	기 상
등 산	06:10~06:40	등 산
식사·등교	07:00	식사·등교
	학교생활	
	17:00	귀 가
	17:10~18:20	하고싶은 일 하기
귀 가	17:30	
하고싶은 일 하기	17:10~18:20	
식 사	18:30	식 사
숙 제	18:50~20:40	숙 제
성공일기	20:50	성공일기
취 침	21:00	취 침

처음 2주간 아이들을 지도할 생활계획표에는 연석에게 경계심을 갖지 않도록 학습관련 내용은 일부러 모두 빼버렸다.

연석이 애들에게 요구한 일과는 아침 일찍 30분간 등산하기와 자기 전 10분간 그날의 성공일기 적기 두 가지뿐이다. 아이들은 숙제도 자율이고 아무 간섭 없이 자기 하고 싶은 일을 마음껏 하도록 선생님과 부모로부터도 공식적으로 허락받은 것이다.

연석은 생활계획표 작성 전에 하고 싶은 걸 마음껏 하게 해 줄 터이니 대신 매일 30분간 등산으로 체력단련하는 것과 그날 자기가 성공하고, 잘한 것을 성공일기에 적는 일 만은 꼭 지켜줄 수 있느냐 하자 아이들은 의외라는 표정으로 "예. 예." 하며 그렇게 하겠다고 약속한다.

처음 사흘은 아침에 일어나 근처 인왕산으로 등산갈 때 불평이 있었으나 나흘째부터는 아이들이 더 등산을 좋아하고, 나아가 등산이 지루한 일상 생활에 활기를 불어 넣는 취미로 변해가고 있었다.

그런데 오늘의 성공과 잘한 것을 성공일기에 적는 일에는 서툴러 여러 번 설명을 해도 성공한 것을 일부러 지어 내듯 성공일기에 며칠째 항목만 적고 O표시를 하는 정도다.

연석이 아이들에게 지난 1년간 성공한 것 중에서 기억나는 몇 개만 적어 보라고 하자 애들은 둘 다 "별로 없는데요"하며 고개를 가로 젓는다.

그럼 지난 1년간 잘못한 것, 실패하거나 실수한 것은 기억나는 게 있느냐고 묻자 경서가 먼저 나서며, 친구와 싸워 얼굴에 상처를 낸 일이며 방학 때 외갓집에 가서 불장난을 하다가 산불을 낼 뻔 했고, 학교에서 선생님이 안 계실 때 칠판에 낙서를 하다가 야단맞은 일 등을 이야기했다. 계속 이어지는 경서의 말을 막으며 이번에는 석준에게 물었다.

석준은 머뭇거리다가 쉬는 시간에 복도에서 친구와 우유봉지를 던지며 장난을 치다 선생님한테 들켜 벌을 선 일, 가을 소풍 때 장난치다가 친구와 언덕으로 굴러 떨어져 친구의 얼굴을 다치게 한 일, 횡단보도 아닌 곳을 질러 건너가다가 차에 치일 뻔하여 너무 놀랐던 일들을 털어놓는다. 둘의 이야기를 듣다보니 1년 동안 잘못하고 실수한 일들은 끝없이 이어질 것 같다.

애들의 말을 막으며 연석은 "1년 동안 너희들이 실패하고 잘못한 사연들이 많았구나. 그러나 너희들은 1년 동안 실수나 잘못한 것의 100배, 1000배로 잘한 일과 성공한 일이 많았다"고 하면서 성공 이야기를 한다.

사람은 누구나 성공하기를 바라고 실패를 싫어하면서 실패는 쉽고 성공은 어렵다고들 생각한다. 과학자들이 알아낸 바로는 모든 사람은 태어날 때부터 성공할 수 있도록 태어났고 다른 어떤 동물보다 훨씬 더 훌륭하고 복잡한 성공 본능을 지니고 있다고 한다. 우리는 태어나는 순간부터 지금까지 끊임없이 바라는 무언가를 이루고 성공해 왔으며 그 성공을 어느 한순간도 멈추지 않고 계속하면서 살아왔다.

처음 태어났을 때에는 뒤척이지도 못하던 너희들이다. 몸을 뒤집어 일어나고 앉게 되더니 어느새 일어서고 걷는다. 엄마 품에서 물려주어야 젖을 빨던 아이는 음식을 찾아 먹고 반찬을 골라 먹는다. 걷던 아이는 뛰게 되고 세발자전거를 타는가 싶더니 어느새 두발자전거를 타고 타고난 소질에 따라 수영이나 축구, 스키 등을 능숙하게 한다.

너희들은 어제도 아침 일찍 일어나 이불을 개고 세수를 한 뒤 식사를 하고 가방을 챙겨 학교로 가서 공부하다가 집에 돌아왔고, 집에 돌아 와서도 재미있는 놀이와 숙제를 한 뒤 샤워하고 잠을 잤다. 자면서도 숨을 쉬고 끊임없이 움직였으며 아침에 늦지 않게 일어났다.

그러나 잠을 자고나서 아침에 혼자 못 일어나고, 혼자 식사를 하지 못하거나, 학교에 가지 못하며, 걷거나 뛰지 못하는 사람이 세상에는 아주 많다. 그런데 너희들의 생활을 보자. 하루의 일과를 계획하고 하려는 생각대로 모두 이루는 성공, 성취가 계속 이어지는 매일을 보내고 있다.

식사하는 것도 성공이지만 바른 자세로 식탁에 앉아 가족들과 단란하게 대화하면서 즐겁게 식사하고 식탁을 치우는 일도 모두 성공 생활이다.

학교에서 공부할 때 선생님의 설명을 잘 듣고 빠짐없이 필기하고 책가방을 잘 정리하고 친구들과 사이좋게 지내며 몸이 불편한 친구를 도와주는 일도 모두 그날에 성공한 소중한 일들이다.

사람의 일상에는 실패하는 일도 있지만 거의 모든 일은 성공하는 것으로 채워져 있다는 것을 대부분의 사람들은 모르고 살고 있다. 세수를 하다가 비눗물이 눈에 들어갔다든지, 연필을 깎다가 손가락을 다치는 일, 길바닥에 가방을 떨어뜨리거나 친구와 싸우다가 선생님께 꾸중을 듣는 일은 잘못하고 실패한 일이겠지만 그런 몇 가지 실수 외에는 하루에 수천가지의 일들을 성공하면서 오늘도 우리는 살고 있는 것이다.

일상생활에서의 성공뿐 아니라 선생님의 심부름이나 할머니의 병간호, 독서, 시험을 잘 치르고, 집안일을 도우며 일선 장병에게 위문편지를 쓰는 일 등은 특별히 하고자 생각한 목표를 이루어 낸 훌륭한 성공이다.

우리의 일상은 실패가 계속 되어서는 한 순간도 온전하게 유지될 수 없는것만은 틀림없다. 사람은 느끼고 감사하지 않지만 온통 성공의 숲속에서 살아가는 셈이다.

숨을 쉬고 혼자 밥을 먹으며 달리는 것이 성공이 아니란 생각이 들거든. 장애아 시설이나 병원의 재활치료실을 찾아가 그런 장애를 극복하기 위한 사람들의 피나는 연습현장을 직접 마주해 보라. 정상인이 아무 축하나 감사 없이 계속 성공하는 그런 일상적인 성공 행동을 성공하기 위해 그들은 얼마나 큰 고통을 참으며 고된 연습을 계속 하고 있는가. 장애를 가졌거나 부상당한 환자가 한 걸음을 떼기 위해 보조기에 매달려 비지땀을 흘리며 노력하여 그 한 걸음을 성공할 때 감격 해하고 축하하는 장면을 보면 오늘 우리의 걸음들이 모두 크나큰 성공이요 우리는 그 성공을 크게 축하하고 감사해야 하는 사실을 바로 알게 된다.

세상의 모든 일은 그 일을 보는 사람의 관점에 따라 유익하거나 무익하게 된다. 행복하고 긍정적이어서 성공하는 사람은 세상을 살기 좋은 곳이고, 자신이 능력덩어리로서 성공만 하는 사람으로 보지만, 불행하고 부정적이며 실패하는 사람은 같은 것도 그 반대로 생각하고 본다. 밤 3시에 잠이 깬 사람이 "한 밤 중이네"라고 중얼거리면 부정적인 관점의 사람이고 그때 긍정적인 사람은 곧 새벽이 온다고 생각하고 믿으며 그에 따라 새로운 행동을 준비하는 긍정적인 행동으로 나아간다.
　'세상에서 제일 불행하다'고 생각한다면 '나는 더 이상 불행해질 것이 없고 더 나쁘게 될게 없다. 그렇다면 이제는 무섭고 두려울 것이 없으니 무엇이든 모험을 할 수 있다.'고 용기를 가져야 하는 것이다.
　사람은 공기가 없으면 숨을 쉬지 못해 몇 분 안에 죽게 되는데도 공기의 존재와 고마움을 모르고 살듯이 매일 수백 수천가지 생각한 목표를 이루고 성공하여 그 성공 속에 파묻혀 성공 덕에 살면서도 너무 자주 또 너무 많은 성공을 한 탓에 성공 없이 살 수 없다는 사실을 느끼지 못하고 또 성공한 것을 크게 자랑스럽게 생각하거나 축하하지 않고 사는 것 같다.
　사람은 성공보다 실패를, 잘한 것보다는 잘못한 것을 더 잘 기억하기로 습관되어져 산다고 말한다.
　사람은 희극보다는 비극을 더 좋아한다면서 긍정적이고 희망적인 성공보다는 부정적이고 비관적인 생각으로 살아간다고 말하는 그 사람은 어리석은 사람이다.

그런 사람은 자기가 할 수 있어 성공하였고 앞으로도 계속 성공할 수 있다는 명백한 사실은 덮어버리고 스스로 자신을 성공할 능력이 없는 형편없는 실패의 사람으로 만들며 사는 것이다. 과학자들이 밝혀 낸 바와 같이 사람은 성공할 능력을 갖고 태어났고, 성공할 여러가지 능력에 따라 계속 성공할 수 있는 존재인 것이다.

그러므로 우리는 우리가 이룬 성공을 어떤 방법으로든지 축하하면서 자신에게 깊이 새겨 삶을 풍요롭게 하고 다가올 인생 역시 성공적으로 엮어나가야 한다. 우리는 그동안 이룬 성공들로 머리속에 찬란한 성공의 보물창고를 지어야 한다.

우리에게 성공능력이 있고 앞으로도 그 성공능력이 계속 확장되어 더 큰 성공을 이루며 즐겁고 행복하게 살아야한다.

우리가 실패하고 가치 없는 인간이라는 패배주의 생각에서 벗어나 성공자의 생각으로 시야를 바꿔보면 지금까지 보이지 않던 자신안에 새로운 성공능력이 있음과 더 큰 목표를 성공한다는 확신이 뚜렷해진다.

사실 부정적인 생각을 전혀 하지 않는 사람은 세상에 없지만 어느 정도까지 무시하거나 긍정적인 것으로 바꾸는 것은 얼마든지 누구나 가능한 일이다.

어떤 일을 하면서 종종 불안감을 느끼는 것은 살면서 진정으로 무언가를 성공해 본 적이 없다고 느끼기 때문이요. 그런사람은 무언가를 시작하기 전에 마음으로 먼저 과거의 실패를 느끼는 것이다.

  그러나 그 사람이 지금까지 이루어낸 셀 수 없이 많은 성공을 바로 알고 몸으로 느낀다면 더 이상 불안감이나 과거의 실패만 자꾸 생각하진 않을것이다. 우리 내면에는 성공과 실패 모두가 뒤엉킨 과거의 경험이 기억장치에 기록되어 있다.

  지금까지 살면서 기분 나빴던 일, 잘못한 일, 꾸중들은 일 같이 다시 생각하기도 싫은 일들은 자꾸 떠올리면서 정작 성공하고, 잘하여 칭찬들은 신나고 즐거운 일들은 기념하거나 축하하지 않고 살아온 탓에 우리 마음이 나쁜 것, 실패한 것, 욕 들어 먹은 것들을 더 많이 기억하는지도 모른다.

  계속 성공을 확인하고 축하하며 기념하면 우리는 성취감과 희망을 갖게 되고 그런 성취감과 희망은 또 다른 성공 행동을 시도하게하므로 성공한 사람은 새로운 에너지가 솟구쳐 자신은 물론 비관적이거나 불행한 생각을 하는 사람들까지 성공 쪽으로 끌고 들어온다.

  한 번에 한 가지 생각밖에 하지 못하는 뇌는 나쁜 생각을 좋은 생각으로 바꿀 수 있다. 뇌가 기분 좋고 하고 싶어지게 된 뒤에 하고 싶어 하는 것을 진짜 즐거운 마음으로 하여 성공하는 것이 우리가 바라는 가장 좋은 성공생활이다. 매일 수 백, 수 천 가지 성공을 하면서 살고 있는 우리는 아무리 많이 성공하더라도 그 많은 성공을 자랑하고 감사하며 살기로 생각을 바꾸어야 한다.

그리하여 매일 잘하고 성공한 일을 성공일기에 적으면서 내가 얼마나 성공을 많이 하며 사는지, 앞으로도 얼마나 많은 성공을 할 수 있는 사람인지를 확실히 알아야 한다. 매일 그렇게 한다면 나쁜 생각만 하던 우리의 뇌를 성공만 하는 사람, 무엇이나 성공할 수 있는 사람으로 생각하고 믿도록 바꿀 수 있다.

공부가 싫은데 공부하라고 하고, 놀고 싶은데 놀지 말라고 하면 누구나 기분이 좋지 않다. 그럴 때는 공부를 하지 말고, 놀면서 뇌를 기분 좋게 만든 뒤 공부가 하고 싶어질 때 즐거운 마음으로 공부하는 사람이 공부에 성공한다. 언제나 성공하도록 태어난 우리는 기분 나쁠 때 기분이 좋아지도록, 하고 싶지 않을때 하고 싶은 생각으로 바꿀 수 있는 능력 또한 갖고 있다. 그런 발견이야말로 너무나 소중하고 큰 성공이라 할 수 있다.

석준과 경서는 지금까지 자신들이 성공을 못한 것이 아니라 자신들이 성공한 그 많은 것들을 기억하지 않고 있는 것임을 알고 또 태어나서 지금까지 말하고, 듣고, 행동해 온 모든 것이 성공한 것이요 스스로 큰 성공능력자임도 확실히 알게 되었다.

성공이 성공을 만들고 작은 성공도 보다 큰 성공의 디딤돌이 되는 것이므로 우리는 과거의 성공만 기억하고 실패의 기억은 잊어버리는 습관을 길러야 한다. 실패는 실패의 어머니이고, 성공이 성공의 어머니다. 누구든 실패를 거듭할수록 머리속에 실패에 대한 기억데이터가 많아지기 때문에 실패를 예감하기 쉬워지고, 성공한 경험이 많을

수록 성공데이터가 많아져 성공을 예감하기 쉬워진다. 성공할때 마다 축하해 주는 우리의 뇌이기에 성공을 계속하면 나중에는 뇌 자체가 도무지 실패를 상상할 줄 모르는 성공덩어리가 되어 뜻밖의 성공기적까지 만들어 낸다.

성공학의 아버지라 불리는 나폴레옹 힐의 성공철학은 상상력으로 좋은 계획이라는 씨앗을 만들고 그것을 잠재의식이라는 밭에 뿌린 후 신념이라는 물을 주면 새로운 창조가 이루어진다는 것이다.

지금까지의 성공경험을 모두 들어냄으로서 목표를 모두 성공시켜 줄 강력한 힘이 자신에게 있다는 것에 눈을 뜨고 성공을 위해 아이디어를 동원하여 연습을 하면 잠재의식은 기적을 일으켜서라도 결국은 성공하게 해준다. 그런 힘을 믿고 행동하면 기적이 일어난다. 잠재력은 쉬지않고 언제나 성공을 위해 일하고 있다.

자주 실패하는 사람은 부정적인 것을 과대평가하므로 실수를 하나 했다고 말하는 대신 나는 완전한 실패자라고 체념해 버리지만 성공자는 무의식적으로 장애를 작은 울타리로 볼뿐 넘지 못할 큰 장벽으로는 보지 않는다.

석준의 3월 10일(화)의 성공일기는

① *일어나서 바로 냉수를 마셨다. 기분이 상쾌하다.*

② *오늘은 한 번도 쉬지않고 등산했는데 피곤하지 않다.*

③ *반찬을 10가지 이상 먹고 천천히 밥을 씹어 먹었는데 어머니가 칭찬해주셔서 기분이 좋았다.*

④ 교실에서 뛰어 다니다가 넘어졌다. 내일부터 뛰지 않기로 했다.
⑤ 방 정리를 하고 깨끗이 청소를 했다.
⑥ 식사 후 바로 이를 닦았다.

성공이 긍정적 결과임을 확실히 이해하지 못한 부분이 있으나 그래도 많은 발전이 있은 것만은 확실하다.

연석은 아이들과 1주일을 보낼 때까지 한 번도 꾸짖거나 나쁜 말을 하지 않았고 공부하라는 말은 입 밖에 꺼내지 않았으며 늘 웃는 얼굴로 애들을 따뜻이 대해 주니 아이들도 선생님이 아닌 친구처럼 스스럼없이 대해준다.

3월 15일 일요일은 경서의 생일이다. 색연필을 곱게 포장하여 등산길에 손을 잡고 냇물을 건넌 뒤 "경서야 생일 축하해, 색연필이야. 네 마음에 들었으면 좋겠어"하며 건네주자 경서는 눈이 휘둥그레지더니 선물을 받는다. "선생님이 제 생일을 기억해 주시는 것도 고마운데 갖고 싶은 색연필을 주셔서 너무 고마워요."

연석은 며칠 전에 석준에게서 경서가 색연필을 갖고 싶어 하는데 엄마가 만화 그리기에 빠져있다고 안 사준다는 말을 들은 터였다. 연석의 조그만 배려가 경서에게 큰 감동을 안겨준 것 같다.

경서는 깡충깡충 뛰며 앞장서 집으로 갔다. 연석이 뒤따라 집에 들어가자 경서는 밝은 얼굴로 "선생님, 진영이가 왔어요"한다. 진영은 경서보다 몸집은 작았으나 머리를 길게 땋아 성숙해 보였다.

경서와 진영은 연석이 전화를 연결해 준 뒤 매일 전화를 걸고 서로 번갈아 동물이나 꽃 이름으로 퀴즈를 내며 설명을 하고 재미있게 지냈다며 선생님 덕택이라고 고마워 한다. 경서의 생일상이 차려진 식탁 앞에 진영이와 식구 모두가 둘러앉았다. 조여사도 경서가 받은 선물이야기를 하면서 연석에게 인사한다.

안중령은 "경서 생일을 축하해 주는 식구가 더 늘었구나" 하며 선물을 건네자 경서는 선물을 받고 아빠 옆으로 다가가 안기며 고맙다고 뺨에 뽀뽀를 한다. 조여사는 최근에 보지 못한 경서의 애교에 잔잔한 감동을 느끼며 기쁜 마음으로 경서와 같이 촛불을 켰고 모두들 박수를 치며 생일축하 노래를 불렀다. 연석이 안중령 집에 들어온 지 불과 10여일 만에 집안분위기는 많이 밝아져 있었다.

어느새 집안의 즐거운 분위기가 일상생활에도 그대로 나타나고 있었다. 특히 경서는 표정이 밝아지고 웃음이 많아진데다 특유의 애교로 식구들 앞에서 분위기를 즐겁게 이끌어 가려고 애쓰는 흔적이 역력하다.

안중령 부부는 아이들의 태도가 달라지고 집안 분위기가 좋아지는 것이 모두 선생님 덕택이라며 하루에도 몇 번씩 연석에게 감사를 표한다. 연석은 학습지도가 시작되기도 전에 아이들이 자기 마음을 잘 이해하고 따라주는 것만으로 기대 이상의 성과를 거두었다고 만족한다. 여기서 연석은 앞으로 1년간의 성공을 예감한다.

2주일의 1차 계획이 끝나기 전 날 연석은 2차 4주일간의 계획에 대해 아이들과 의논을 한다. 아이들은 먼저 1차 계획에서와 같이 등산과 성공일기는 그대로 지키는 것이 좋겠다고 적극적으로 의사를 밝혔다.

연석은 아이들에게 앞으로는 너희들이 무엇을 잘하는지, 또 무엇을 가장 하고 싶은지를 찾아내기로 하고 찾아낸 것을 계속 연습해 보고 진짜 하고 싶고 잘하는 것을 찾아 그것을 이루기 위해 어떻게 하는 것이 좋을지 이야기하면서 아이들의 의견을 들어 2차 계획표를 만들었다.

석 준	시 간	경 서
\multicolumn{3}{c}{생활계획표(2차)}		
\multicolumn{3}{c}{3. 19.(목) ~ 4. 15.(수)}		
기 상	06:00	기 상
등 산	06:00~06:30	등 산
목표 적기	06:40	목표 적기
식사 · 등교	07:00	식사 · 등교
	학교생활	
	17:00	귀 가
	17:10~18:20	하고싶은 일 하기
	17:30	
귀 가		
하고싶은 일 하기	17:40~18:20	
식 사	18:30	식 사
숙 제	18:40~20:40	숙 제
성공일기	20:50	성공일기
취 침	21:00	취 침

1차 목표일이 끝나기 전날 저녁식사를 하면서 연석은 다음 일요일에는 가족 등산을 하고 외식을 하자고 하자 식구들은 박수를 치며 대환영이다.

3월 22일 (일요일) 14:30경 승용차를 타고 집을 출발하여 삼각산 기슭에 내려 산행에 나섰다. 안중령 내외는 화창한 주말 오랜만의 단란한 가족 나들이에 더없이 행복해 했고, 아이들은 그동안 익힌 등산 실력을 뽐내듯 입속으로 노래를 흥얼거리며 빠른 걸음으로 어른들을 앞질러 산길을 오른다.

1시간여 만에 삼각산 중턱까지 올라간 가족들은 한 목소리로 "야호, 야호"를 외쳐댄다. 메아리가 대답하고 산새도 소리내어 환영한다.

하산하는 길에 연석은 수유리에 있는 중국 식당으로 가족들을 안내한다. 안중령은 아이들이 중국음식을 좋아하지 않는데 어쩌나 난감해 하며 따라 들어온다.

연석은 전날 밤 아이들과 등산 계획을 세우면서 아이들이 중국음식을 안 좋아한다는 말을 듣고는 애들을 설득하여 내일 등산을 한 뒤에는 중국음식을 한번 먹어 보기로 하고 식단까지 정해 놓은 터였다. 안중령 내외는 식당에서 아이들이 좋다고 평소 외면하던 중국음식을 주문하자 어리둥절한 표정이다. 식사가 준비될 동안 연석은 가족들에게 1차 목표에 관한 보고를 하였다.

"1차 목표는 아이들의 성격파악과 생활습관 기르기, 2차 목표를 위한 준비기간인데 아이들이 잘 따라 주어 모든 목표를 달성하였습니다. 특히 1차 계획의 성공에는 부모님의 협조가 큰 힘이 되어 거듭 감사드립니다."

이어서 연석은 이미 진행 중인 2차 목표에 관한 아이들과의 약속도 설명하고 다시 한 번 부모님이 믿고 잘 뒷바라지해 달라는 말을 덧 붙였다. 박수가 나왔다.

한편 연석도 1년 후 연수원 입교에 대비한 계획으로 일본어, 독일어학원에 등록하여 수강하는 한편, 법률 서적과 자기계발 서적을 1주일에 한 권은 읽기로 하는 매일 매일의 목표와 성공일기를 적으면서 소중한 하루하루를 보내고 있다.

1년간의 가정교사를 마치면 연수원 2년은 경제적 문제로 쫓기지 않고 오로지 공부에 전념할 수 있어야 한다. 가정교사 1년이 결코 허송되지 않고 앞으로 2년을 슬기롭게 보내기 위한 도약의 발판이 되도록 하겠다고 다짐한다.

연석은 2차 계획을 시작하기 전날 저녁 아이들에게 체력단련을 위한 운동으로 줄넘기, 훌라후프, 팔굽혀펴기, 턱걸이, 철봉, 단거리 달리기, 계단 오르기, 뜀틀, 수영, 역기, 자전거, 한발로 달리기, 공 던지기, 공 넣기, 창던지기, 과녁 맞추기, 퍼터, 높이뛰기, 넓이뛰기 등을 예시해 주고 학습으로는 한자와 영어단어, 시나 문장 외우기를 제시하고 그 방법이나 내용을 설명하면서 위와 같은 운동을 아는지, 해본 일이 있는지, 특히 잘하는 것은 어떤 것이고, 어느 것을 해보고 싶은지를 1주일 동안 생각하고 실제 연습도 해보고 설명도 들으면서 실제 연습 할 종목을 정하고 목표점에서 어느 정도까지 성공 할 수 있는지 확인하기로 한다.

위 종목 중에서 어느 것을 선택했으면 그것을 왜 선택했는지 그것을 정말 좋아하는지를 거듭 묻고 대답하면서 1주일 후에는 잘하는 것 2개, 좋아하는 것 2개, 하고 싶은 것 2개를 정하여 그 6가지를 다시 1주일간 반복 연습하게 할 계획이다.

위 6가지에 대한 연습을 계속하면서 스스로 그 연습이 좋았는지, 또 결과가 어땠는지를 확인하면서 선택된 것을 실제 연습하는 외에 머릿속에서도 집중적으로 생각하고 연습하면서 자신의 선택이 옳았는지, 나아가 그 선택을 책임지고 성공시킬 수 있는지 확인하도록 한다. 또 선택한 것 외에 다른 것에도 시간이 있으면 관심을 가지고 연습을 하게 하여 정확히 어느 것을 잘하고 어떤 것을 좋아하며, 자신의 능력과 기호에 맞는 것이 어느 것인지 찾는 노력을 계속 하도록 하였다.

2주일 동안 아이들은 스스로 선택한 6가지를 집중 연습하고 또 학교에서는 시간나는대로 위 종목 외에도 철봉, 뜀틀, 역기, 공 던지기, 넓이뛰기, 높이뛰기 등을, 집에 와서는 줄넘기, 훌라후프, 팔굽혀펴기, 공 넣기, 창던지기, 과녁 맞추기, 퍼터 연습 등을 하고 싶은대로 이것저것 연습 하였다.

마지막으로 15일째 아이들이 적은 6개를 포함하여 그동안 연습한 과목 중에서 토론과 검토를 거쳐 자신이 하고 싶고 좋아하며 잘하는 운동 2개와 학습 1개를 확정짓고, 앞으로 위 목표들에 대해 최선의 노력으로 성공하도록 체험으로 알게 할 계획이다.

2주일의 연습을 마친 4월 3일에 석준은 줄넘기와 팔굽혀펴기를, 공부는 영어단어 외우기를, 경서는 줄넘기와 퍼터연습과 공부는 한자외우기를 선택했다. 연석이 위에 덧붙여 아침에 10분 일찍 일어나기를 제안하자 둘 다 찬성이다.

4월 3일에 적어낸 현재의 능력은 석준의 경우 팔굽혀펴기 5번, 줄넘기는 4분이고, 경서는 줄넘기가 5분, 골프퍼터 성공률은 1m거리에서는 40%, 2m거리에서는 20%였다. 연석은 2주일 동안 연습한 결과를 생각하며 각자 목표란에 나머지 2주일 후의 목표를 적어내게 했다.

석준은 팔굽혀펴기 7번, 줄넘기 8분이고, 경서는 줄넘기 7분, 골프 퍼터 연습은 1m와 2m에서 각 50%, 30%로 적어 냈다.

연석이 영어단어와 한자를 하루 5개씩 외우기로 하자고 제의한 것도 그대로 통과다. 4월 3일부터는 목표 일기에 오늘 뿐 아니라 장래의 희망도 함께 적게 하였다.

아이들은 연석과 손바닥을 마주치며 파이팅을 외치고 각자 성공목표를 적어 필승이란 구호와 함께 책상앞에 붙여 둔다. 석준의 방에 붙어 있는 성공목표다.

```
              필승! 4.15.의 성공목표

  05:50            기상
  06:00            등산
  06:40-07:00      목표일기
                   나의희망 적기
  17:40-20:40      영어단어 5개, 줄넘기 8분, 팔굽혀펴기 7번, 숙제
  20:50            성공일기

              석준은 성공 한다.
```

3월 19일부터 새로 시작한 10분 일찍 일어나기는 잘 지켜지고 있다.

나의 희망은 아직 정하기 어렵다하고 또 한 번만 적으면 될 것을 매일 똑같은 것을 적을 필요가 있느냐고 불만이다.

연석은 하루에 한 번씩 나의 되고 싶은 모습을 생각하며 적어보는 동안 생각이 달라질 수 있으므로 그 희망이 확정적인 것인지를 자신

에게 묻는 것이니 같은 것이라도 계속 적어보라고 하였다.

아이들이 귀가한 뒤 잘하는 것, 하고 싶은 것, 해야 할 일을 할 때는 연석은 긴장이 된다. 운동은 3일간은 같은 성적만 내게 하고 더 이상 못하게 한다. 팔굽혀펴기 5번, 줄넘기 4분이므로 3일 동안은 5번, 4분을 성공하면 성공이라 말하고 더 이상 계속 하지 못하게 하고 끝낸다. 그래야 날마다 성공을 계속 확인할 수 있는 것이다.

3월 19일부터 시작된 운동은 특별히 성공의 결과를 확인하는 외에는 대략 3일간 같은 성적을 내게 하고 4일째는 1단계 올리고 7일째는 또 1단계 올려 연습을 하게 했다. 영어 단어는 별도 노트를 만들어 표제는 성공학습, 그날의 학습이 성공한 것은 성공일기에 외운 단어를 적는 것과 별도로 성공학습 노트에도 외운 단어를 적고 성공표시를 한다. 온통 성공이란 글자쓰기와 성공이란 말을 계속 하게한다.

석준은 2주일간의 반복연습으로 목표 이상의 성공을 얻었다. 응접실 한구석에서 퍼터연습을 하는 경서는 처음에 공 20개를 1m 거리에서 넣기로 한다. 20개 중에서 8개를 넣어야 40% 성공인데 8개를 못 넣으면 8개를 넣을 때까지 계속한다. 20개 중 8개 넣기를 연속 3번 성공하면 그 다음 2m 거리에서 20개로 연습하여 4개를 계속 3회 넣어야 그날에 성공하는 연습이다.

석준의 성공일기

날 짜	팔굽혀펴기	줄 넘 기	영 어 단 어
4. 3.	5번	4분	5개
4. 4.	5번 성공	4분 성공	5개 성공

날 짜	팔굽혀펴기	줄 넘 기	영 어 단 어
4. 5.	5번 성공	5분 성공	5개 성공
4. 6.	6번 성공	5분 성공	5개 성공
4. 7.	6번 성공	6분 성공	5개 성공
4. 8.	7번 성공	6분 성공	5개 성공
4. 9.	7번 성공	7분 성공	5개 성공
4. 10.	7번 성공	7분 성공	5개 성공
4. 11.	8번 성공	8분 성공	5개 성공
4. 12.	8번 성공	8분 성공	5개 성공
4. 13.	9번 성공	9분 성공	5개 성공
4. 14.	9번 성공	9분 성공	5개 성공
4. 15.	10번 성공	10분 성공	5개 성공

경서의 성공일기

날 짜	줄 넘 기	퍼터 1m	한 자
4. 3.	5분	8개	5자
4. 4.	5분 성공	8개 성공	5자
4. 5.	5분 성공	10개 성공	5자
4. 6.	6분 성공	12개 성공	5자
4. 7.	6분 성공	11개 성공	5자
4. 8.	7분 성공	13개 성공	5자
4. 9.	7분 성공	14개 성공	5자
4. 10.	8분 성공	14개 성공	5자
4. 11.	8분 성공	15개 성공	5자
4. 12.	9분 성공	16개 성공	5자
4. 13	9분 성공	15개 성공	5자
4. 14.	10분 성공	16개 성공	5자
4. 15.	10분 성공	16개 성공	5자

경서는 자신의 성공에 놀라고 신기해한다. 그날의 목표적기는 그날 할 일을 몇 가지씩 적는 것으로 잘되어 갔고, 그 목표적기 때문에 애들은 매일매일 시간을 잘 지키게 되었으며, 연석은 애들의 요구에 따라 나의 희망적기는 생각이 달라질 때만 적도록 배려해 주었다.

차츰 아이들은 자기 목표를 스스로 해야 할 행동으로 적어 나가는 것이 눈에 띄었고, 안중령 내외도 아이들을 새로운 각도에서 바라보기 시작했다. 아이들이 2차 목표를 앞서 초과 달성하자 4월 15일 아침식사를 하면서 안중령이 말한다.

그 동안 선생님이 너무 많이 수고하셨고, 아이들도 많은 성공을 했으니 선생님 모시고 오늘은 모두 야외로 나가 즐겁게 놀자고 하자 식구들 모두 연석의 얼굴을 쳐다보며 흐뭇한 표정이다. 연석에게 지난 6주간은 무척 행복한 시간이었다.

자신의 노력으로 고민하던 가족에게 많은 것을 준 것에 보람을 느낀 시간이었다. 집을 나서기 전에 안중령이 연석에게 용돈이라며 봉투를 내놓는다. 예상치 못한 많은 액수다. 연석은 두둑한 보너스까지 받아 아이들이 원하는 대로 광나루에서 하루를 마음껏 즐겼다.

연석은 교사시절, 광나루로 소풍을 가서 아이들과 한데 어울려 뒹굴고 놀았던 기억을 떠올리며 오늘의 주인공이 자신임에 무한한 긍지가 느껴진다.

연석은 귀가하는 길에 아이들에게 줄 위인전 1권씩과 석준이 좋아하는 곰 인형, 경서가 좋아하는 토끼인형을 샀다.

저녁시간 가족이 모인 자리에서 연석은 아이들에게 "오늘은 2차 계

> **성공표창장**
>
> 제1호
>
> 안경서는 3.19.부터 4.15.까지 줄넘기 · 퍼터연습에서 자기가 세운 목표를 초과 성취하였을 뿐 아니라 앞으로도 계속 높은 목표를 정하고 이를 성취할 것으로 믿어 표창을 함.
>
> 부상 : 위인전, 토끼인형
>
> 4. 15.
>
> 고 연 석

획이 끝나는 날이다. 성공을 축하한다. 너희들 참 대단하고 훌륭하다. 내일은 하루 쉬면서 3차 계획을 세우기로 하자. 1·2차 계획을 모두 성공하였으니 너무 기특하여 표창을 한다"며 성공표창장과 위인전, 인형을 건네준다.

박수소리, 웃음소리로 집안이 활기에 넘쳐 흐른다. 그날 표창장, 위인전, 인형을 안은 석준과 경서의 1호 성공사진 촬영이 있었다. 1호 성공사진은 그날부터 아이들의 방과 거실 벽에 크게 걸린다.

연석은 찢어지게 가난한 가정형편으로 중학 진학은 일찌감치 1년 뒤로 미루었다.

초등학교 졸업을 앞두고 마지막 겨울방학동안 형님들과 같이 남의 집 사과 밭에서 품팔이를 하거나 키에 맞춘 작은 지게를 지고 먼 산에 땔감 하러 다니면서 앞날을 설계하려 했으나 암담하기만 했다.

돈을 벌어야겠다는 생각뿐 캄캄한 동굴 속에 갇힌 것 같아 도무지 빠져나갈 출구가 보이지 않았다. 한 달을 뼈빠지게 일해 보고서야 그런 막일로 돈을 모을 수 없다는 결론은 났지만 그렇다고 현실을 탈출할 뾰족한 대안이 생각나지 않았다.

공교롭게도 과수원집 주인 아들은 연석과 같은 나이로 버젓이 중학교에 원서를 내놓고 보란 듯이 그 시절 흔치않은 자전거를 타고 신나게 놀러 다니고 있었다. 숯처럼 까맣게 타 들어가던 그 때의 상황을 회상하니 연석은 콧날이 시큰하고 목이 메어온다.

14살 소년에게는 참으로 벅찬 시련이었다.

그런 절박한 상황에서 막일을 하며 두 달이 지나고 중학교 합격자 발표가 난 한참 뒤 연석은 "귀신에 홀린 것처럼 이대로 촌에 처박혀 지낼 수는 없다. 어떤 일이 있어도 중학교에 가야한다"는 결단을 내렸다.

새끼염소는, 특히 머리에 뿔이 막 돋아나는 수컷은 그 부위가 근질근질한지 머리를 이리 저리 부딪치고 문질러대며 천방지축으로 쏘다닌다. 보호본능이 강하여 옆에서 건드리면 뒷발 딛고 발딱 일어나 앞발을 곧추 세우고 뿔 치기 공격자세로 나온다.

'숫염소새끼' 처음엔 욕같이 들렸으나 행동이 날래고 까만 눈알이 반들반들한 게 보는 것 마다 호기심 가득 코를 실룩거리며 싸돌아다니는 새끼염소. 누가 지었는지 그 당시 소년의 행색과 썩 잘 어울리는 별명이었다.

그때 연석은 몸집이 가무잡잡하고 팔다리와 이마에 잔털이 유난히 많았다. 호기심이 많아 잠시라도 가만있지 못하고 열정도 많아 눈동자가 초롱초롱 빛이 나는 털북숭이, 공부가 하고 싶어 몸부림치는 알구잽이, 하구잽이라 불릴만큼 그의 별난 열정은 어떤것으로도 잠재우기가 쉽지 않았다.

꽁보리밥 한 그릇을 풋고추 된장에 찍어 후딱 비우고 그야말로 황소처럼 일하다가 허기가 지면 기운을 차리기 위해 어른들의 새참인 막걸리를 훌쩍 마시고 술에 취해 비틀거리면서도 어른 같이 일하던 연석은 중학교에 가고 싶어 단단히 마음병이 나 버렸다.

어릴 때부터 먹성이 좋아 식복을 타고 났다는데 밥맛이 없고 잠도 오지 않는다. 어른 일을 할 테니 어른 품삯을 달라고 떼를 쓰던, 세상에 무서운 것이 없는 듯 덤비던 그에게 이런 혹독함이 닥치다니.

마침 읍내에는 개교한지 얼마 안 된 중학교에 지원자가 정원 미달이라는 소문이 나돌았다. 며칠을 열병으로 누워있던 소년은 자리를 박차고 일어났다. 자신도 모르게 두 주먹을 불끈 쥐고 씩씩거리며 일터가 아닌 중학교로 달려가고 있다. 급사노릇이라도 하면서 중학생이 될 수 있는지 알아볼 요량이다.

입학식이 끝난 교정은 남녀학생들이 시끄럽게 대화하는 소리, 웃음소리로 가득하다. 무작정 교장실로 들어갔다.

할아버지 같이 유순한 인상을 한 교장선생님 앞에 엉거주춤한 자세로 꿇어앉는다. 허름한 바지에 적삼을 걸친 소년을 보고 교장선생님이 의아해 쳐다본다.

"교장선생님, 저 이 중학교에 꼭 다니고 싶은데 돈은 없고 공납금대신 학교에서 제가 할 일이 없겠습니까?"

초등학교를 졸업하고 중학교에 가기 위해 남의 집 과수원에서 열심히 구덩이를 파며 돈을 모으고 있는데 도저히 그 돈으로 중학교에 가기까지 시간이 너무 오래 걸릴 것 같고 학교는 빨리 가고 싶고, 이 노릇을 어쩌면 좋겠느냐고 울음 섞인 목소리로 교장선생님께 애원했다.

교장선생님은 굳은살이 박히고 부르터진 소년의 손을 내려다보면서 부드러운 음성으로 "그래 돈은 얼마나 모았나?"

"예. 3천원은 마련할 수 있습니다."

연석은 엉겁결에 3천원이 마련된듯이 말하고 있었다.

"그것가지고는 공납금에도 모자라. 육성회비 3,000원까지 합치면 8천원이 있어야 되는데 도리 없구나."

"교장선생님, 1등하면 공납금과 육성회비를 안내도 된다고 들었는데 제가 1등 하면 되지 않습니까?" 당돌하게 울부짖듯 매달렸다.

교장선생님이 딱하다는 듯이 물끄러미 쳐다보시더니

"그야 1등을 하면 면제되지, 그런데 학교에 들어와야 1등을 하든지 말든지 할 것 아냐. 넌 우리학교 학생이 되기도 전에 1등을 한다는 말부터 하느냐."

무심한 교장선생님은 핀잔조로 말씀 하시고는 교장실을 나가버리신다. 가슴엔 회오리바람이 일었다. 갈 때와는 달리 소년은 천근만근 무거운 발걸음으로 10리 길을 터벅터벅 걸어 집으로 돌아왔다. 점심과 저녁을 내리 굶고 밤새 끙끙 앓다가 아침에 일터로 나가시는 큰형님에게 통사정한다.

5천원만 준비하여 교장선생님께 사정하면 입학시켜줄 것 같으니 제발 5천원만 구해달라고, 다음부터는 틀림없이 1등을 해서

장학생이 되면 더 이상 목돈이 필요 없을 거라고.

연석의 집은 봉답 10마지기와 묵밭 8마지기로 9식구가 근근이 입에 풀칠을 하며 살았다.

그 시절에는 왜 그리도 가뭄이 심했는지 해마다 논밭이 갈라지고 흉년이 거듭되어 보릿고개를 넘기지 못하고 장리에 매달려야 했다. 장리란 쌀이나 보리쌀 1말을 꾸면 추수하여 2말을 갚아야 하는 엄청난 고리채다.

그러나 곡식을 빌리는 것이 쉬웠던 시절이라 몇 년 전부터 장리로 연명해 온 구차한 살림에 5천원은 너무 큰돈이라 구하기가 어렵다. 형님은 한참동안 입맛만 다시다가 말없이 뒷짐을 지고 밖으로 나가신다.

큰 형님은 여섯 살 위로 평소 근엄하지만 누구보다 의협심이 강하고 향학에 불타는 동생의 심정을 가장 잘 이해해 주시던 분이다.

형님이 나가신 뒤 넋을 잃고 얼마나 오래 그 자리에 있었는지 모른다. 알 수 없는 설움이 가슴을 후려치고 빤한 형편에 눈치 없이 괜한 말을 하였다는 후회로 더욱 마음이 아려온다.

저녁때가 되어 술이 거나하게 취해 돌아오신 형님은 "이틀만 기다려 봐라. 5천원을 말해 놨다. 부모님께는 말하지 말고. 무슨 말인지 알아 듣겠제." 형님도 연석의 눈에도 굵은 눈물이 뚝뚝 떨어진다.

형님이 돈을 꾼다는 말을 부모님께 하지 못하게 한 것은 순전히 부모님이 걱정하실까봐 하는 마음에서였다.

아버지는 그야말로 무골호인이고 어머니는 대가 차고 기질이 강한 여장부다. 연석은 강단이 센 어머니의 성격을 많이 닮아 매사에 진취적이다.

연석이 한동안 기차통학을 할 때 학교에서 늦게 돌아오면 어머니는 으슥한 밤에 담요 한 장을 둘러쓰고 담 크게 혼자 부엉이가 울고 여우가 캥캥대는 캄캄한 산길을 더듬더듬 마중을 나오신다.

인가가 없는 산길은 사천왕상 같은 험상궂은 형상을 한 망주석이 즐비하게 늘어선 호화 분묘가 있는데 비 오는 날에는 낮에도 허깨비가 나온다고 하여 혼자 다니기가 무서운 후미진 곳이다.

형님은 빌려 온 돈을 연석에게 건네며 "연석아 미안하다. 앞으로는 이 형이 더 열심히 일하여 네 공부하는데 걱정 없도록 하꾸마. 제발 1등해라. 그리고 꼭 성공하거라." 연석은 그날 형님을 붙잡고 통곡했다. 모질고 독한 마음을 먹기로 했는데 눈물이 왜 그리 많이 흐르던지. 밤잠도 자지 않고 밤새 울었더니 새벽에는 일을 나가지 못 할 만큼 눈두덩이 퉁퉁 부었다.

소년은 교장선생님께 돈 5,000원을 내놓고 그 돈을 마련한 경위와 중학생이 되고 성공 하겠다는 희망으로 밤새 울었던 이야기를 울먹이며 이어가다가 감정에 북받쳐 엉엉 소리 내어 울고 말았다. 까까머리 어린 것이 눈물과 땀으로 범벅이 되어 가슴에 우러나는 모든 것을 담아 호소했다.

"너 정말 1등 할 수 있겠냐"

연석의 인생을 송두리째 바꿔놓고 훗날 희망과 성공만을 꿈꾸는 삶이 시작되는 순간이었다.

조바심에 마음 졸이다가 혼절하기 직전인데 진짜 교장선생님의 입에서 나온 말씀인지 귀를 의심했다.

"저는 꼭 1등을 해야 됩니다. 1등 못하면 퇴학시켜 주십시오. 교장선생님과 한 약속을 지키겠습니다. 꼭 성공해서 은혜를 갚겠습니다." 어떻게 그런 어른스런 말이 술술 잘도 흘러나왔을까. 스스로도 놀랐다.

교장선생님은 기분 좋게 쐐기를 박는다.

"육성회비는 특별히 봐 주는 것이다. 1등을 못하면 내가 내야하는 것이니 꼭 1등하고 나중에 성공으로 보답해라"

연석은 그야말로 천신만고 끝에 입학식이 끝난 한참 뒤 당당히 중학생 모자를 쓰게 된다. 금색 배지가 붙어 있는 꿈에 그리던 중학생 모자가 그렇게 자랑스러울 수 없다.

중학생 모자를 처음 쓰던 날 학교에서 집까지 먼지 풀풀 날리는 시골 길을 개울을 건너고 산을 넘어 십리 길을 정신없이 뛰어왔다. 그런데 막상 집에 들어 올 때는 모자를 벗은 채였다. 논밭에서 고생하는 가족들에 대한 염치 때문이다. 그런 심정을 헤아리셨는지 한없이 어질고 사람 좋은 형수가 연석을 보고 축하한다고 격려해 주셨다.

중학생이 된다는 감격과 형님의 배려에 대한 감사와 성공에 대한 맹세로 그날 밤 연석은 뜨거운 눈물을 흘렸다.

연석의 공부방은 사랑채에 딸린 새끼 꼬고 가마니를 치는 멍석방이다. 방안에는 온갖 작업기계와 잡동사니가 가득 쌓여 있고 밤늦게까지 일을 한 뒤 방을 치우면 그때부터 연석이 혼자만 쓰는 공부방이 된다.

그날 연석은 손바닥만 한 앉은뱅이책상에 앉아 "성공! 성공"이라 적은 표어를 공부방 벽에 붙였다. 앞의 성공은 중학생이 된 것을 축하하는 성공이고, 뒤의 성공은 앞으로 무엇이든 계속 성공하고야 말겠다는 결심의 성공이다.

어렵사리 중학생이 된 뒤 연석의 일과는 더욱 바빠졌다. 새벽 일찍 일어나 쇠죽을 끓이는 30분 동안 영어 단어장을 들고 단어를 외우고 아침 식사할 때까지 들에 나가 물꼬를 보거나 소를 돌보면서도 영어단어장을 가지고 또 단어를 외웠다.

이처럼 일하는 시간에도 일만 하는 것이 아니라 공부를 같이 하였고, 잠자는 시간을 줄여 공부하였다. 식사시간, 용변시간은 물론 특히 걸어서 1시간씩 걸리는 등하교시간에는 계속 눈으로 보고 입으로 중얼대면서 공부 하였다. 학교에서도 쉬는 시간이나 점심시간에 예습과 복습을 반복하였고 밤에 시간이 있을때 그날 학교에서 배운 학과를 반복복습 하였다.

공부할 시간을 정해 놓고 할 수 없는 연석에게는 공부할 수 있는 자투리 시간을 최대한 공부시간으로 활용할 수 밖에 없었다. 그러한 시간활용을 위해서는 암기장, 단어장, 공책 등이 가장 유용하였고, 자연스럽게 단어나 암기할 내용들이 하루에도 여러 번 반복학습이 이루어졌다.

아침에 일어나 외운 단어는 학교가는 길목이나 점심시간, 귀가길, 저녁일 할 때 등으로 여러번 반복암기가 이루어진다. 잠에서 깨어 하루 일과를 마치고 다시 잠 잘 때까지 계획하며 성취하고 성공한 일은 하루에도 수 백 개가 넘는다.

다른 친구들이 등하교시간, 휴식시간, 점심시간 등 하루 너댓 시간을 친구들과 어울려 히히덕거리며 흘려보내는 그 시간들이 연석에게는 너무나 귀중한 성공연습시간이었다.

친구들이 놀자면 건성으로 그러자고 대답하고는 자리를 피해 학습지를 들고 교실 밖으로 나가 혼자 공부하는 것이 유일한 낙이고 일상이 된지 오래다. 그러다보니 연석에게는 친구가 많지 않았고 외로운 학교생활이었지만 그것은 운명적인 반복학습과 같이 한 의미 있는 삶의 현장이 되었다.

전에는 쉬는 시간은 그냥 쉬고, 일을 할 때 그 일만 하면 된다고 생각하고 그렇게 행동했는데 뚜렷한 목표를 가지고 그것을 이루는 방법을 찾으니 그 방법과 활용할 시간이 너무 많은 것을 새삼 깨달아 알게 되었다.

학교생활 외에 하루 너댓 시간의 집안 일, 농사일을 거들면서도 시간을 쪼개거나 두 가지 일을 하니 하루 10시간 정도의 공부시간을 가질 수 있게 된 것이다.

늦게 시작한 학교공부를 따라잡기 위해 한 달간 영어책을 그냥 외우고 다른 과목들도 노트 없이 기억할 정도로 거의 달달 외웠다. 그 시절 연석은 책이나 노트에 성공, 성공, 성공이란 글자를 계속 적어나갔다.

연석의 초등학교시절은 우등생일 뿐 별다른 두각을 나타내지 못했다. 교장선생님과 형님에게서 다짐에 다짐을 하고 중학생이 된 뒤부터는 어제의 연석이 아니다.

일생일대의 결단을 하기로 하여 모든 고난과 애로를 극복할 용기로 새 목표에 도전장을 내밀었다. '하면 된다.' '운명은 없다.'는 것이 그때 연석을 버티게 한 두 기둥이었다.

운명은 없으며 하면 된다는 것은 자기가 주체가 되어 열정을 다하면 새로운 성공이 보장된다는 확신에 찬 구호다.

연석은 그 구호로 새로운 현실을 하나하나 극복하며 조그만 일부터 큰일까지 성공에 성공을 거듭하였다.

자투리 시간을 이용하는 것이 학습장소의 특이성과 계속 반복으로 암기효과가 생각하는 것보다 훨씬 높다는 사실을 연석은 그때 몸으로 익혔다.

연석은 중학생이 된 직후 학습, 반복학습, 최단기간 내 다수 반복의 방법으로 망각을 줄이는 효과적 방법을 계발하여 철저하게 활용함으로서 중학교·고등학교·대학에서 거의 전교 수석을 하였고 영어단어장 1권, 교과서의 수필과 연설문을 통째로 외우기도 하였다.

주위에서 천재라 하지만 연석은 그 말에는 한번도 동의하지 않는다. 확고부동한 결심, 처절한 노력, 끊이지 않는 열정과 목표성취라는 강력한 욕구가 만들어 낸 피눈물의 결과를 두고 남들은 그냥 천재라서 당연히 얻어진 결과로 말하고 있는 것이다.

연석은 10여 년 전 그때 자신의 성공을 축하하기 위해 써 먹었던 그 축하 행사를 오늘 석준과 경서에게 기쁜 마음으로 전수하고 있는 것이다.

> ▶ **이 단원의 교훈**
>
> 직장인이든, 사업가든 매일 계획을 세우는 일에 곁들여 그날 그날 자신이 일궈낸 구체적인 성공사례들을 일기로 계속 적음으로서 자기충전의 기회가 되고 긍정적인 사고가로 변화 될 수 있다.

2. 효과적인 성공 연습

연석이 아이들과 여러 번 협의해 만든 3차 생활계획표다.

석 준	생활계획표(3차) (4. 17. ~ 6. 10.)	경 서
석 준	시 간	경 서
기 상	05:40	기 상
등 산	05:50~06:20	등 산
단어공부	06:20	단어공부
목표 적기	06:50	목표 적기
식사 · 등교	07:00	식사 · 등교
	학교생활	
	16:50	귀 가
	17:00~18:20	잘하고 하고싶은 일 하기
귀 가	17:10	
잘하고 하고싶은 일 하기	17:20~18:20	
식 사	18:30	식 사
숙 제	18:40~19:40	숙 제
숙제와 잘하는 일 하기	19:40~20:30	숙제와 잘하는 일 하기
성공일기	20:50	성공일기
취 침	21:00	취 침

 3차 계획 기간 중에 계속 성공하기 위한 연습종목으로 석준은 턱걸이, 동전 넣기, 퍼터 연습을, 경서는 훌라후프, 턱걸이, 동전 넣기로 정하였다.

 3차 계획은 종전의 운동연습과 같이 각 종목을 시작할 때와 연습 후의 성취도 진행과정과 결과를 적음으로써 반복연습을 통하여 성공이 계속되는 것을 스스로 확인하고 자신이 한계능력이라 생각한 목표치가 스스로 제한한 능력범위라는 사실뿐 아니라, 계속 성공으로 잠재력이 더욱 확대되어 확장된 능력으로 더 큰 목표도 계속 성공할 수 있다는 믿음을 갖게 하는데 목적을 두었다.

그 전부터 하던 등산과 줄넘기, 팔굽혀펴기, 퍼터 연습과 단어나 한자 학습은 계속하며 시간에 쫓기거나 연습분량이 많아져 성공률이 낮아지는 것에 대비하여 일요일에는 새로운 학습이나 연습을 없애고 보충이나 휴식을 갖게 했다. 다만 기상 시간은 10분을 앞당겼다.

3차 계획을 실제로 시작한 4. 17. 아이들이 적어낸 연습과목의 성적과 4주일 후의 목표치는 다음과 같다. ( )안은 목표치

석 준	종 목	경 서
10분 (18분)	줄넘기	10분 (20분)
10번 (18번)	팔굽혀펴기	
12개 (16개)	퍼터연습 (1m)	15개 (18개)
	훌라후프	10분 (20분)
3번 (5번)	턱걸이	1번 (2번)
30% (50%)	동전넣기 (2m)	20% (30%)

연석은 종전과 같이 4월 17일 현재 능력을 기준으로 하여 대략 처음 3일간은 같은 범위로만 연습하여 성공하게 하고, 4일부터는 한 단계 높이되 연습효과에 따라 범위를 조절하면서 일요일을 빼고는 하루도 빠지지 않고 성공치를 확인해가며 연습하게 한다.

경서의 훌라후프 성공일기

날 짜	성 취	날 짜	성 취
4. 17	10분 성공	5. 6	16분 성공
4. 18	〃	5. 7	〃
4. 20	〃	5. 8	〃
4. 21	11분 성공	5. 9	17분 성공
4. 22	〃	5. 11	〃
4. 23	12분 성공	5. 12	〃
4. 24	〃	5. 13	18분 성공
4. 25	〃	5. 14	〃
4. 27	13분 성공	5. 15	〃
4. 28	〃	5. 16	19분 성공
4. 29	14분 성공	5. 18	〃
4. 30	〃	5. 19	〃
5. 1	〃	5. 20	20분 성공
5. 2	15분 성공	5. 21	〃
5. 4	〃	⋮	⋮
5. 5	〃	6. 10	25분 성공

　경서는 5주일만인 5. 20.에 8주일후의 목표를 달성하는데 성공했다. 동전던지기는 2m 떨어진 화병에 20개의 동전을 던져 6개가 들어가면 성공률 30%, 4개가 들어가면 성공률 20%로 계산한다.

　3차 연습 운동종목들은 아이들이 처음 시도할 때의 능력과 4주일 연습후의 성공을 대비하여 반복연습의 효과가 굉장히 크고 자신의 능력이 연습으로 계속 확장된다는 사실을 자신의 성적을 보고 확실히 믿게 하기 위함이다.

2차 계획표에 따라 연습이 계속되는 종목까지 합하면 3차 계획에서는 운동연습 종목이 5가지나 되어 아이들에게 부담이 될 수 있을 것 같아 연습 소요시간이 10분을 초과하는 줄넘기, 홀라후프 등 종목은 가능한 한 학교에서나 일요일이나 여유 있는 시간에 자율적으로 연습하게 하고 3일에 한 번씩 점검하는 방법으로 성공확인을 하고 특히 방학기간을 이용하기도 하였다.

 3차 계획의 중간점검을 4주일 후에 하기로 했다. 반복연습을 통하여 이룩한 성적을 재확인함으로써 당초 예측한 성공목표들을 초과 달성하는 것에 스스로 긍지를 느끼고 계속 반복연습할 동기와 열정을 갖게 하기 위함이었는데 연석의 의도는 아이들의 성공실적으로 명백하게 현실화되어 나타났다.

 그로써 아이들은 반복연습으로 "나는 성공할 수 있다, 나는 해낼 수 있다"는 잠재력의 확장계발과 성공확신을 갖게 되었고 그런 자신감과 성취의욕은 계속 그 범위를 확장하여 계속 반복연습과 반복성공을 시도하고 싶은 열정의 불을 피어나게 하였다.

 3차 계획의 목표는 계속적인 성공과 잘하는 것과 좋아하는 것을 확인하는 것이므로 위 6가지 외에도 아이들의 희망이나 욕구에 따라 농구, 야구, 축구, 양궁, 레슬링, 경보, 단거리 달리기 등 다른 운동이나 외우기, 글쓰기, 그림그리기, 악기 다루기 등에 관하여도 선택과 반복연습을 통하여 스스로 자신의 특별한 기능이나 기술을 찾아내도록 연석은 애들과 토론도 하고 연습도 계속하게 하였다.

 어떻게 하면 계속 성공할까에 대한 열정이 생길 때 연석은 성공을 더욱 확신시키기 위해 앞으로 계속 크게 성공하려면 어떻게 할 것인지의 과제도 준다.

3차 계획의 전반 4주일이 지난 5월 15일에 연석은 아이들에게 지금까지 학습한 영어단어 노트와 한자노트를 가져오게 한 뒤 2차 계획기간에 외운 75자와 3차 계획기간 전반 4주일 간 외운 125자에 대한 기억 테스트를 했다.

테스트 결과 2차 계획기간 중 외운 75자 중에는 18자를, 3차 계획 전반 부에 외운 125자 중에는 57자를 기억하는 것으로 확인되었다. 2차 계획기간에 종료시까지 외운 75자는 76%를 잊어버렸고 24%를 기억했으며(파지율 24%), 3차 계획기간 전반기 2주일간 외운 125자 중에는 55%는 잊어버리고 45%만 기억하는 것(파지율 45%)으로 나타난 것이다.

애써 75자를 외웠는데 한 달도 안 되는 4주일 뒤에 57자를 잊어버리고 18자만 기억했다는 테스트 결과만 보고 내 머리가 나쁘다. 기억력이 좋지 않다고 하는것은 큰 잘못 된 생각이다.

너희들만 그런 정도의 기억만 하는 것이 아니라, 다른 아이들이나 어른들도 모두 그 정도의 기억만 한다. 위 테스트 결과에서 우리가 반드시 알아야 할 것은 어떤 것을 외우고 나서 시간이 경과될수록 잊어버리는 것은 많아지고 외운 뒤 짧은 시간 안에는 더 많이 기억한다는 사실이다.

뇌는 한번 학습했더라도 계속 활용하지 않으면 잊어버리는 특성을 갖고 있다. 그렇지만 어렵게 75자를 외웠는데 4주일 만에 57자를 잊어버리고 18자만 기억한다는 것은 참으로 안타까운 일이 아닐 수 없다. 우리가 매일 반복 연습함으로써 우리의 운동 능력을 확장해 왔듯이 공부도 반복학습하고 최단기간에 다수 반복하여 확실히 기억하도록 학습하게 되면 기억은 더 많이 하고 망각은 적어지게 할 수 있다.

다시 말하면 한 번 외운 것을 매일같이 반복하여 외움으로서 한 번 학습한 것을 다시는 잊어버리지 않거나 적게 잊어버리게 할 수 있다는 것이다. 너희들도 새학기가 되어 새로 사귄 친구의 전화번호를 처음에는 수첩에 적어 놓은걸 보고 전화를 걸었으나 자주 전화를 하다 보니 수첩을 안보고도 전화번호가 기억되어 바로 전화를 걸게 되었듯이 공부도 그와 같은 원리나 이치에 따라 하자는 것이다.

학습의 지름길 - 반복, 다수반복, 단시간 내 다수반복

연석은 고교시절 심리학시간에 에빙하우스의 기억곡선, 망각곡선에 관한 이론을 배우면서 그 이론이 자신이 직접 경험한 학습방법에 너무나 일치되는 사실을 알고 전율을 느낄 정도로 큰 감동을 받았다.

연석은 그 이론을 애들에게 적용하여 그에 따라 효과적인 학습을 시키고 있는 것이다.

에빙하우스는 30년 넘게 자신의 경험을 통해 인간의 학습에서 여러 기억들의 지속기간이 서로 다르고 한 가지 정보가 많이 되풀이될수록 그것이 기억에 남을 가능성이 커지므로 간격을 두고 반복하는 것이 한꺼번에 학습하는 것보다 훨씬 유리하다는 사실을 발견했다.

그는 단기기억과 장기기억이라는 두 가지 기억체계가 존재하고 특정 조건에서 단기기억을 반복하면 장기기억으로 바뀔 수 있다는 것을 증명했다.

그의 최대 공헌은 반복의 힘을 철저하고 상세하게 보여준 것이다. 그가 만든 망각곡선은 처음 어떤 일을 학습으로 기억한 뒤 한두 시간이 지나면 기억의 상당 부분이 사라진다는 것을 말해 준다.

에빙하우스는 반복을 통해 기억 물질의 농도를 높여 새로운 신경회로망을 만들게 함으로써 망각을 줄이는 방법을 증명하였다. 그의 망각곡선 실험에 따르면 인간은 무엇인가를 배운 직후 망각이 시작되어 20분이 지나면 대략 42%를, 한 시간이 지나면 약 56%를, 하루가 지나면 66%가량을, 일주일이 지나면 74% 이상을, 그리고 한 달이 지나면 약 79%의 학습한 기억을 잊어버린다는 것이다.

일정한 간격을 두고 정보에 반복적으로 노출시키는 것은 두뇌 속에 기억을 새기는 가장 강력한 방법이다.

시험 준비기간이 며칠 밖에 없고, 학습량을 몇 번 밖에 준비할 수 없다면, 한꺼번에 보기보다는 그 며칠 동안이라는 간격을 두고 여러 번 보는 것이 효과적이다.

새로운 정보가 뇌에 한꺼번에 몰려 들어오는 것보다는 새로운 정보가 기억저장소에 서서히 뒤섞여 쌓일 때 가장 효율적으로 학습이 이루어진다. 두 번째 보면 첫 번째보다 훨씬 낮이 익고 기억하기도 쉽다.

이것을 잠재 기억이라 하는데 단 한번이라도 기억을 했다면 그 기억은 아주 없어지는 게 아니라 희미하게라도 흔적이 남아 있어 다음번 기억을 더 쉽게 해 주는 것이다.

거짓말도 계속 하다보면 머지않아 진짜가 된다. 한 번의 거짓말은 거짓말로 끝나지만 100번씩의 반복된 거짓말은 어느새 진실로 바뀌고 진실한 것으로 기억된다.

TV광고를 보라. TV광고의 반복기법은 기억은 확실하게 하고 망각은 차단시키기 위한 뇌 훈련법이다.

연석은 애들에게 망각곡선(기억곡선)을 설명하면서 전에 학습한 것에 대해 기억을 잘 하지 못한 것을 근본적으로 고치기 위해 반복, 다수반복, 단시간 내 다수반복이 근본적인 해결책임을 철저하게 확신시키고자 한다.

3차 계획 5주째인 5월 16일부터는 첫날 외운 단어나 한자는 그 후 매일 같이 5번씩, 다음날 외운 단어 역시 3일째부터 5번씩 계속 반복 외우기로 계획표를 짠다. 단 하루 외울 단어나 한자 수는 다음날

부터 전에 외운 단어를 5번씩 반복 암기하는 부담을 고려하여 하루에 1자씩 줄여 4자씩으로 하였다.

5. 16.에 외운 4개는 5. 17.에 새로 4개를 외우기 전에 암기확인하고, 암기가 안 되었으면 한 번 더 암기한 후 5. 17.의 암기 분 4개를 암기한다.

5. 19.(5. 18일은 일요일이라 새 암기를 하지 않음)에는 이틀간 외운 것을 한 번 더 암기 확인한 후 5. 19.분 4개를 암기한다.

5. 20.에는 16. 17. 19. 3일간에 외운 것을 한 번 더 암기 확인한 후 5. 20.분 4개를 암기한다.

5. 21.에는 4일간 외운 것을 한 번 더 암기한 후 5. 21.분 4개를 암기한다.

5. 22.에는 5. 16.분 4개는 이미 5번 반복하여 확실히 암기되었으므로 빼고 5. 17. 암기 분부터 5. 21. 암기 분까지 4일 분을 암기확인 하고 5. 22. 암기 분을 암기한다.

5. 23.에는 5. 19.부터 5. 22.까지 암기 분을 암기확인 하고 5. 23. 암기 분 4개를 암기한다.

위와 같은 방법으로 암기를 계속 해가면 결국 모든 암기를 매일 1번씩 5번 반복 암기한 것이 되어 결국 암기의 목표 기간이 끝난 뒤에는 거의 모든 암기한 것을 기억할 수 있게 되는 것이다.

한번 외운 단어를 그후 5일 동안 5번씩 반복하여 외운 뒤 일요일마다 그때까지 외운 단어를 다시 한 번 외워보는 것이 더 효과적이다. 그렇게 암기한 4주일 뒤 암기한 것을 테스트 한 결과는 90%이상 암기하고 있음이 확인되었다. 연석은 그 결과를 아이들에게 설명한다.

결과적으로 너희들이 경험한 것과 같이 3차 계획 전반 4주까지 외운 단어나 한자 125자를 테스트한 결과 31자만 기억했지만 3차 계획 후반 4주간에 외운 100자 중에서는 90자를 외운 결과가 나왔다.

한번 외운 것을 그 후 다섯 번씩 매일 다시 외우는 것은 어지간한 결심이 아니고서는 실천하기 어렵다고 생각할 수 있지만 어렵더라도 반복 학습할 때 거의 3배 정도의 암기 효과를 얻는다는 것은 굉장히 능률적인 학습방법이라 하지 않을 수 없다.

어렵더라도 다른 사람보다 3배나 능률적인 반복학습을 몇 년간 계속한 후 너희들이 대학을 졸업하고 사회에 나갔을 때 그 결과는 상상할 수 없을 만큼 크게 차별화된 인생이 될 것이다.

타자를 치는 능력이나 운전연습이 그러하듯 삶에서 필요한 무엇이든 계속하여 반복연습을 하게 되면 성공은 삶의 자연스런 모습으로 나타난다. 반복하는 연습은 거대한 힘을 낳는다.

사람은 수많은 동물을 조련시킬 수 있듯이 자신도 반복연습으로 목표성공을 위해 분명히 더 잘 훈련시킬 수 있다. 작은 물방울이 바위에 구멍을 내는 반복의 힘을 생각하라.

러시아의 심리학자 파블로프는 반복훈련을 통하여 인간의 사고과정을 완전히 재조정할 수 있다는 사실을 개의 훈련 실험을 통하여 증명함으로써 이른바 세뇌공작의 기본 원리를 발견하였다. 넓게 보면 진화론이나 환경적응 등의 모든 발전현상 역시 반복의 효력인지도 모르겠다. 암기의 황금률인 최단시간 내 다수반복의 경험만 잘 지켜 연습하면 자신만의 가장 능률적인 암기법을 개발하여 학습할 수 있다.

물론 암기가 공부의 전부는 아니다. 그러나 암기는 기억을 위한 필수적인 방법이고 기억은 공부의 핵심요소이니 결국 암기성공 기법은 공부성공의 기법이고 끝내는 성공인생기법이 되는 것이다. 암기의 달인자가 공부의 달인자로서 결국 인생 성공자가 된다.

공부 특히 암기에 있어 최단기간 내 다수반복이라는 성공습관 기르기는 앞에서 설명했지만 인문계, 사회과학 과목의 학습에 관련하여 몇 가지 설명할 것이 있다.

먼저 과제의 이해다. 이해를 위해서는 먼저 교과서를 소설 읽듯이 훑어보는 기분으로 읽는다. 읽고 난 뒤 책의 목차를 들여다보면서 자기가 읽은 것에서 어떤 내용임을 알 수 있는지 점검해 본다.

그때 전혀 알 수 없다면 그 부분의 지식이 없다는 것이므로 해설서를 한 번 더 보든가 강의를 듣거나 쉬운 책을 중심으로 이해하기 위해 다시 읽는다. 그것이 아니라면 읽은 책을 다시 꺼내어 밑줄을 그어가며 이해를 위해 천천히 자세하게 읽어본다. 그때 이해되지 않는 점은 따로 적어두었다가 친구에게 물어보거나,

선생님에게 질문을 하여 이해의 기회를 갖는다.

자연과학은 복잡하고 기묘한 자연현상을 상대하지만 사회과학은 어떤 사실이나 하나의 규범을 두고 그에 관한 이해나 평가, 설명 등을 다루는 것이므로 개념과 그 해설, 평가가 있게 되고 처음, 과정, 결과라는 이야기로 설명되는 것이므로 한번 이해를 한 뒤에는 줄거리로 이야기를 만들어 보는 것이 학습에서 매우 중요하고 효과적이다. 특히 사회과학 분야에서는 어느 한 가지 결론만이 절대 진리로 평가되지 않는다. 다시말해 어떤 논술 답안도 100점이란 있을 수 없다. 출제자의 출제의도가 100% 표현되었더라도 그 답안이 그 문제의 영구불변한 진리일 수 없다.

그러므로 사회과학에 있어 공부하는 방법이나 문제풀이에는 출제자의 의도나 문제가 내포하는 그 시대상황이나 사회적인 관심에 대한 정확한 이해에서 출발하여 자신의 판단이나 논리적 의견, 지식을 표현하는 것에 그 핵심을 두어야 한다.

공부는 머리로만 하는 것이 아니다. 온몸으로 열정을 다하여 하는 것이며, 사명의식으로 하는 것이며, 효과적인 방법으로 즐기면서 해야 한다.

마음을 하나로 모으고 신까지도 내 편으로 만들려는 무서운 열정으로 공부하는 사람은 공부에 성공할 수 밖에 없다.

성공할 때마다 뇌가 새로운 성공의 신경회로를 만들어 축하해 준다는 사실은 참으로 놀라운 소식이다. 뇌는 새로운 학습을 좋아하는데도 왜 사람들은 공부가 싫다고 할까.

열정을 식지 않게 유지할 수만 있다면 누구나 뜨겁게 달궈진 꿈으로 가득 찬 행복 속에서 계속 성공하면서 살 수 있는 것이 우리 삶이다. 열정은 목표를 이루기까지 부딪칠 온갖 어려움을 이겨낼 수 있는 강인한 힘을 우리에게 주어 반드시 성공에 이르게 한다.

"무엇이 사람들로 하여금 자신의 일에 저렇게 열정적이 될 수 있도록 만들어주는가. 그 대답은 조련사와 돌고래는 정말 자신들의 일을 즐기고 있고, 그 즐거움은 그대로 관중들에게까지 전달되기 때문이다." 〈칭찬은 고래도 춤추게 한다〉

축구나 야구의 빅게임을 경기장에서 직접 관전할 때 열정은 믿을 수 없을 만큼 전염성이 커서 스탠드에 앉아있는 관중들끼리 같은 열정이 그대로 전달되어 관중 전체를 일체감에 빠져들게 만든다.

"열정은 긍정적인 사람의 위대한 정신적 속성이다. 자신의 열정을 잘 다스릴 줄 아는 사람은 다른 모든 것도 잘 다스릴 수 있다. 열정의 카리스마를 가진 사람은 자발적으로 기쁘게 살아가고 모험을 즐기며 모든 것을 알고 싶어 계속적으로 새로운 내일, 가장 최선의 것을 추구하면서 자신이 진정으로 원하는 것은 무엇이든 찾아낸다." 〈따뜻한 카리스마〉

성공한 사람들의 실천 행위를 보면 성공할 때까지 오직 한 가지 일에만 온전히 정신을 집중한다. 그들은 원하는 것에 대해서만 생각하고 원하지 않는 것에 대해서는 생각자체를 하지 않으며 두려움이나 의심을 거부하도록 스스로를 훈련시킨다. 그런 방법으로 성공에 방해되는 열 가지 장애를 걷어 낸 뒤 그들은 엄청난 성공을 일궈내는 것이다.

　〈앤서니 라빈스〉는 "가장 높은 상태의 집중력은 목표를 초월한다. 그런 상태에서는 주변 상황으로 흥분하거나 일상적인 문제로 절대 동요되지 않는다. 내면은 평화롭고 말할 수 없이 고요하나 의식은 균형을 이루고 활력이 넘친다.

　운동선수는 자신이 가장 잘하는 기술을 위해 훈련을 집중하고 그것을 발전시키는데 모든 시간을 투자한다. 그들은 그 목표와 관계없는 다른 비생산적인 일에 시간을 낭비하지 않고 오로지 잘하는 기술만을 연습하고 또 연습한다."고 말한다.

　성공적인 삶을 살기 위해서는 가장 먼저 자신에게 가장 소중한 것을 먼저 실천하는 습관을 길러야 한다. 자신이 실천할 일에 우선순위를 정하고 그 우선순위에 따라 자신의 능력을 집중적으로 투입하면 가장 가치 있는 목표에 직접적으로 관련된 일을 이루기 위한 에너지가 흘러넘치게 된다.

　우선순위가 뒤죽박죽이 되거나 다음 할 일이 무엇인지 분명하지 않을 때 사람은 무기력증에 빠지게 된다. 쌓여만 가는 모든 일을 요령 있게 잘 처리하는 가장 중요한 방법은 중요한 것부터

순서를 정한 뒤 역량을 집중하여 순차적으로 해결해 나가는 것이다.

성공하는 사람은 실패자들이 하기 싫어하는 일도 기꺼이 하며 필요에 의해 해야 할 일은 별로 좋아하지 않지만 하기 싫은 일도 목적만 분명하면 남의 눈치는 아랑곳 하지 않고 기꺼이 그곳에 뛰어든다.

삶에서 가장 가치 있는 성공은 자신이 처한 모든 문제를 한꺼번에 해결해내는 것에 있지 않다. 처음 작은 문제를 해결하여 성공하는 것에서 출발하여 그 힘으로 점차 다가오는 다른 문제까지 해결해 나갈 힘이 생긴다면 큰 성공인 것이다.

극단적인 상황에서 그 모두를 극복하겠다는 의지나 행동도 중요하지만 그에 못지않게 단계적으로 상황을 개선해 나가려는 행동과 그에 따른 작은 성공도 삶에서는 다같이 중요한 일이다.

생활환경이 최악이거나 물질적으로 너무 쪼들리는 곳에서는 역경에 반응하는 방식도 일반적인 경우와는 다르다. 그런 곳에서는 나쁜 일도 일상의 일부로 보아 장애물을 만나면 절호의 기회로 수용하면서 새로운 힘을 얻는다.

"인생에는 특정한 페이스와 리듬이 있다. 느리거나 빠른 변화의 물결이 끊임없이 일어난다. 이때 사물이나 사람을 꽉 붙들어 이러한 흐름을 정신적으로나 물리적으로 막으려 하면 당신은 뒤쳐진다. 인생의 변화와 혼란스런 순간들을 더 이상 두려워하지않고 흥분과 기회의 원천으로 봐야 한다. 자연의 만물 중 가장 큰 잠재력을 지닌 물의 이미지를 생각하라. 물은 어떤 것이 자기 앞길을 막든 옆이나 위로 휘돌아 그 장애물을 넘는다. 세월이 흐르면 바위까지 깎을 수 있는 것이 물이다. 일의 흐름을 당신이 추구하는 방향에 맞게 끌어와 당신의 행동에 더욱 힘을 싣고 강력한 추진력을 구축하라. 세계적으로 복잡한 경쟁이 그 어느 때보다 치열하게 벌어지고 있는 새로운 상황인 만큼 현재 당신이 마주하고 있는 세상에도 장애물과 한계가 가득하다. 실험에 대한 더 적극적인 의지를 가지고 실패에 대한 두려움을 떨친 채 여러 가지 모험을 시도해 봐야 한다. 상황에 따라 끊임없이 바뀌어야 하는 것은 바로 당신의 전략, 문제를 공략하는 당신의 방법이다."〈50번째 법칙〉

가치 있는 일은 결코 하룻밤 사이에 이루어지지 않는다. 성공적인 공부는 가파른 오르막길이므로 성급하게 뛰어올라 가다가는 금방 지쳐 포기하고 만다.

눈앞에 보이는 쉬운 공부는 누구나 할 수 있는 일이다. 필요로 하고 중요한 공부는 눈에 보이는 것 뒤에 있는 것을 포함하여 인생을 어떻게 살 것인가에 대한 것이다.

성공인생을 살아가기로 작정한 사람의 기본철학은 성공을 위해 매일 새로운 것을 즐겁게 배울일이다. 배움은 자신에게 줄 수 있는 가장 값진 투자이고 배운 것을 실천함은 자신의 부가가치를 높이고 발전과 성취를 계속 이어나가기 위한 핵심동력이다.

올바르게 배운 사람은 삶을 긍정적으로 보고 사람마다 차이가 있음을 인정하며 그 차이를 존중한다. 어떤 상황에서든 문제에서 배울 점을 찾아내고 후퇴나 실패의 순간에도 그로부터 교훈을 얻으려하며 문제에 매달리기 보다는 문제 해결을 직접 겨냥해 용기 있게 나아간다.

사람들이 바로 공부를 시작하지 않는 것은 공부에 성공하지 못할까봐 두려움을 갖기 때문이다. 어떤 감정이든 모두 자기발전 장치와 증폭장치가 붙어 있어 끊임없이 자신들과 유사한 긍정적이든, 부정적이든 새로운 감정을 생겨나게 한다. 한번 부정적인 생각을 하게 되면 꼬리에 꼬리를 물고 그러한 부정적 생각들이 계속 떠오르게 된다.

공부가 마냥 즐겁고 행복해서 한 사람은 없다는 말이 있기 하지만 공부를 즐기고 공부가 좋아서 하는 사람도 많다. 그들에게 공부는 분명 즐거운 일상이요, 하지 않고는 못 배기는 열정의 보물섬 일 수 있다.

사람이 성공하고 행복해 지기 위해서는 자신이 잘하는 것, 하고 싶은 것을 열정적으로 해나가야 한다.

마이클 조던은 천재 농구인을 떠나 야구선수로 변신했으나 실패했다. 박세리가 골프가 아닌 테니스 선수로, 김연아가 피겨스케이팅이 아닌 체조선수의 길을 걸었다면 그렇게 성공할 수 있었을까.

열 가지 긍정적 이유가 단 하나의 부정적 이유를 이겨내지 못한다고 한다.

긍정적인 이유가 훨씬 많은데도 조그만 부정적 이유 하나 때문에 대부분 시도 자체까지 포기해 버리거나 머뭇거리면서 일어날 것 같지 않은 온갖 문제점을 하나하나 확인 하려드는 것이다.

우울한 사람은 실패나 걱정만을 생각하지만 쾌활한 사람은 그 반대로 성공과 행복을 생각한다. 대개 사람들은 부정적이어서 열에 아홉까지 성공해도 기뻐하지 않고 단지 나머지 하나의 실패만 유감으로 생각하지만 긍정적인 사람들은 비록 열에 아홉이 실패했어도 단 한 가지 성공만으로 충분히 자신을 위로하고 격려하며 그 안에서 행복을 느낀다.

슬픈 생각에 빠져 있으면 항상 슬픈 감정만 느끼고 분노를 품으면 분노하게 되지만, 반대로 마음에서 늘 행복과 성공을 생각하면 행복감을 느끼고 당당해진다.

경험 중 성공했던 일, 내 힘으로 뭔가를 성취했던 일을 기억에 떠올리면 마음이 흐뭇해진다. 반대로 실패했던 일, 누구와 싸워 굉장히 화가 났던 일, 배신당하거나 억울하게 당한 일, 잘못한 일로 꾸중 들었던 일을 생각하면 마음은 불쾌해지고 기분이 나빠지며 몸에서는 힘이 쭉 빠진다.

행복을 위한 자기관리의 일차적 목표는 성공이다. 누구도 완벽할 수 없다. 살면서 실수를 저지르고 실패를 경험하는 것은 지극히 자연스러운 일이다. 시도하다 실패하고 다시 시도하는 것은 삶의 자연스러운 리듬이다.

혹독한 겨울이 나무를 더욱 강하게 만드는 것처럼 성공하는 사람은 실패를 도전으로 여긴다. 실패를 걱정하지 말고 용기있게 배움의 장으로 먼저 나와야 하는 것이다.

최근 뇌 과학에 바탕하여 뇌가 좋아하는 방식으로 공부하면 공부에 즐거움을 느끼게 되고, 억지로 주입시키지 않아도 뇌가 알아서 이해하고 기억하게 된다는 설명이 있다.

오랫동안 기억을 유지하기 위하여 최단시간 내에 다수반복을 하더라도 그것을 더 능률적으로 하기 위해서는 한 가지 감각기관만 이용하기보다는 오감을 다양하게 활용하는 것이 훨씬 유용한 방법일 수 있다.

공부하면서 정신집중에 도움이 되는 아로마 향으로 후각을 자극시키거나, 초콜릿을 먹으면서 미각을 자극하거나, 감미로운 음악을 들으면서 청각을 자극하여 뇌를 활성화하는 것이 기억력을 강화할 수 있는 좋은 방법이라고 한다.

뇌는 여러 가지 감각이 관여할 때 학습 능력이 점점 더 최적화된다고 할 수 있다.

"촉각이 시각정보와 결합되면, 촉각정보만 받아들였을 때보다 인지습득 능력이 30%는 향상된다. 이는 단일감각 데이터들을 합한 것보다 훨씬 더 크게 향상된 것이다. 오감은 함께 작용하게 마련이므로 함께 자극해야 한다. 우리는 눈으로 사물을 보지 않고 두뇌로 본다. 시각은 이 세상을 인식하도록 도와주는 데 그치지 않고 이 세상에 대한 인식을 지배한다. 시각이 이 세상을 정확하게 재현해 주는 경우는 거의 없으며 100% 믿을 수 있는 것도 아니다. 그림에 담긴 정보는 이해하는 데 힘이 덜 들기 때문에 초기에는 소비자들에게 더 매력적일 수 있다. 우리는 그림을 기억하는 데 뛰어나다. 귀로 어떤 정보를 듣고 2일 지나면 그중 10% 정도를 기억하나 그 정보에 그림만 하나 더하면 65%를 기억할 수 있다."〈브레인 룰스〉

상황을 통한 에피소드 기억방법도 효과가 있고 에피소드기억 중에서도 자기가 아는 것을 남에게 가르쳐 보는 것이 가장 효과적이라고 한다.

경서와 진영이 매일 통화하여 각자가 한 가지 제목으로 상대에게 설명해주는 방법도 가르치기의 한 형태로서 그런 방법으로 학습하게 되면 훨씬 기억이 잘 될 것이다.

필기는 기억력과 이해력을 높이는데 큰 효과가 있다. 필기가 뇌의 보조기억장치 역할을 하고 필기를 통해 공부한 내용이 반복되고 조직화함으로써 뇌에 학습 내용을 쉽게 저장한다.

석준과 경서는 3월 5일부터 6월 10일까지 연석과 같이 생활하면서 아침마다 거의 빠짐없이 등산을 하였고 처음 시작할 때는 상상도 하지 못한 연습량을 계속 하면서 영어단어와 한자도 150자 가까이 외웠다. 아이들은 신체적으로 더 건강해졌고 자신감에 넘쳐 열정적으로 살아가는 것이 훤히 보인다.

6. 10.의 성적표다.

석 준 ( )안은 시작일	종 목	경 서( )안은 시작일
4분 → 18분(4. 3)	줄넘기	5분 → 20분(4. 3)
5번 → 20번(4. 3)	팔굽혀펴기	
50% → 85%(4. 16)	퍼터연습(1m)	40% → 75%(4. 3)
	훌라후프	10분 → 25분(4. 16)
3번 → 6번(4. 16)	턱걸이	1번 → 3번(4. 16)
30% → 60%(4. 16)	동전 넣기	20% → 40%(4. 16)

연석은 아이들이 자신이 정한 목표치를 성공할 때마다 부상과 함께 성공표창장을 주었다. 3차 생활계획이 끝났을 때 석준은 줄넘기, 팔굽혀펴기, 영어단어 부분에서, 경서는 줄넘기와 퍼터 연습과 한자 부분에서 각기 2. 3. 4호의 성공표창장을 받았다.

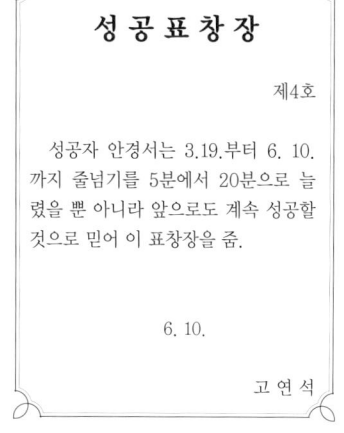

성 공 표 창 장

제2호

성공자 안석준은 3.19.부터 6. 10.까지 팔굽혀펴기를 5번에서 시작하여 20번까지 목표를 초과 성공하였고 앞으로도 계속 성공할 것으로 믿어 이 표창장을 줌.

6. 10.

고 연 석

성 공 표 창 장

제4호

성공자 안경서는 3.19.부터 6. 10.까지 줄넘기를 5분에서 20분으로 늘렸을 뿐 아니라 앞으로도 계속 성공할 것으로 믿어 이 표창장을 줌.

6. 10.

고 연 석

3차 생활계획 기간이 끝나자 식당 벽에는 아이들의 성공표창장이 8개나 걸렸고, 벽에는 성공사진이, 경탁 위에는 성공표창 선물들이 그간 써온 성공일지 두 권과 함께 놓여 있다.

 또한 4월 16일에 새로 시작한 연습과목의 진행과정이 적힌 성적표도 책상위에 놓여 있다.

 이제 아이들은 사람이 계속되는 성공 속에서 살아간다는 의미를 알고 자신들이 매일 수백, 수천 가지의 성공을 하며 살아가는 사실을 체험을 통해 확실히 이해하고 있다.

 연석을 만나기 전까지 아이들의 일상은 불만과 짜증속이었지만 아침등산을 시작으로 계획성 있는 성공생활을 해오면서 오늘 하루와 이번 주, 이번 달, 이번 학기 그리고 다음 학년과 장래에 대한 계획과 목표를 끊임없이 생각하게 되었으며 자신들이 이루어낸 성공을 통해 자신의 능력이 계속 계발되는 사실에 고무되어 이전보다 더 적극적이며, 긍정적인 방식으로 활기차게 살고 있다.

 그간 써온 성공일기를 보면서 그전까지 자신의 목표가 과거의 경험을 기준하여 만든 것이었음을 참회하면서 그전에 자신이 세운 한계능력을 거부하고 좀 더 큰 목표를 세우고 충분히 자기에게 숨겨져 있는 잠재력을 계발하여 그 큰 목표를 이룰 수 있다는 확신을 갖는다.

 사실 사람마다 자신에게 알맞은 성공방식이 있을 수 있다.

 "공병호의 내공"에는 어떤 분야에서든 오랜 기간 정성을 들여 자신의 능력을 갈고 닦은 사람이 성취한 전문가적 식견이나 지식, 더 불어 그 이상의 힘이나 능력을 '내공'으로 표현하면서 내공은 자신의 분야에서 놀랄 만한 성과를 만들 수 있는 탁월한 기술, 지식, 노하우, 숙련도, 직관, 통찰력을 소유한 소수의 사람이 가진 종합적인 능력이고 한 분야에서 획을 그을 만한 놀라운 성과를 꾸준히 만들어내는 데 성공한 사람을 내공인이라고 설명하면서 내공을 닦는 훈련이 성공의 요체라고 말한다.

"에너지 강점"에서는 성공의 방식으로 자신의 강점을 찾아내는 일부터 시작해야 한다고 말한다.

강점이란 한 가지 일을 완벽에 가까울 만큼 일관되게 처리하는 능력이다. 능숙하게 잘하는 것이 강점이요, 반복과 성공, 만족이란 세 가지를 모두 만족하고 타고난 재능·지식·기술의 조합이 강점이요 자신이 잘하는 것부터 찾아보고 잘하는 것 너머를 보아야하며 일할 의욕이 샘솟고 일에 완전 몰입하며 일을 끝낸 뒤 성취감을 느끼는 경우 그 일이 자신의 강점이라고 말한다.

한편 석준과 경서는 자신에게 어떤 큰 재능이 있는지, 그 숨겨진 큰 능력을 계발하는 일을 앞으로도 계속하여 빠른 기간안에 숨겨진 능력과 일생을 걸 도전의 목표를 정하겠다고 약속한다.

브라보! 기념하지 않는 성공은 잊혀지고 축하하는 성공만 기억된다. 계속 기억되는 성공만이 계속 성공하는 사람을 만든다.

▶이 단원의 교훈

기업의 조사결과 세일즈의 80%가 5번째 방문 후 이루어졌다고 한다. 48%는 1회 방문 후, 25%는 2회 방문 후, 12%는 3회 방문 후 세일 등을 그만두었고, 10%만이 5회 방문하여 80%의 세일 실적을 올렸다는 것이다.(습관을 이끄는 힘)
10%(10명)가 5회 방문하여 8건의 실적을 올렸다면 1회 방문의 효율성은 16%인데(8건÷50회) 1회 내지 3회 방문 등으로 성사시킨 2건의 경우 1회 방문의 효율성은 불과 1.5%(2÷48+25×2+12×3)에 불과하여 성공의 효율성이 아주 낮다.

3. 성공 습관

　3차 생활계획 목표를 모두 성공한 아이들은 자신들이 미처 알지 못한 굉장한 성공능력을 갖고 있음을 알게 되어 무척 자랑스럽게 생각하고있다.
　아이들은 이제부터는 학교성적도 올라가도록 열심히 공부하겠다며 손가락을 걸고 연석에게 다짐한다. 연석은 자신이 지금까지 해온 공부방식대로 아이들에게도 성공이 계속되기를 기대하고 있다.
　연석은 지난날 그렇게 성공공부 습관을 길렀고, 중·고등학교를 거치는 동안 전교 수석이란 목표를 성취했으며 계속 목표를 세우고 거듭 성공함으로써 성공습관이 완전히 몸에 배이게 되어 지금도 머릿속은 온통 필연적 성취와 성공확신의 에너지로 충만되어있다.
　연석은 자신의 성공습관을 아이들에게 전수한 바 아이들 역시 석달 만에 전혀 다른 사람으로 바뀌어지는 현장을 확인하였다. 한적한 토요일 오후 연석은 혼자 정원에 앉아 햇볕을 쬐면서 명상에 잠긴다.

　사람은 누구나 무한한 잠재력을 갖고 있어 그 잠재력을 잘 계발만 한다면 큰 일을 성취할 수 있다고 한다. 그럼에도 자신의 능력 한계가 어떻다고 스스로 선을 그어놓고 잠재력의 행사를 차단시키는 것은 자신의 잠재력이 무한하다는 사실을 확실하게 믿지 못하고 그냥 이해만 하고 있기 때문이라고 생각해 본다. 그렇다면 무한한 잠재력과 그에 따라 잠재력의 한계를 확장하여 더 큰 목표를 세우고 이를 성취해 나갈 핵심 동력은 무엇일까.

 연석은 그것이 성공습관이라고 확신한다. 연석은 노력이 성공의 어머니고 노력만이 성공을 가져오는 유일하고 핵심적 방법이라는 그간의 생각이 결론으로는 잘못된 것이라고 믿는다.

 노력에 의하든 운명이나 우연에 의하든 성공이 계속 반복되어 성공습관이 된 사람은 뇌가 성공하도록 이끌어 주어 실패를 모르는 기적적 성공까지 이루어 내게 된다는 사실을 지금 연석은 확신하고 있다. 성공습관이 몸에 배어 성공법칙에 따라 사는 사람은 어떤 일을 해도 도무지 실패라는 결과를 상상하지 못한다.

 그런 성공습관자에게는 삶 자체가 성공의 궤도로서 마음은 성공 쪽으로 움직이고 그 행동은 성공의 경로가 되어 성공에 성공을 딛고 계속 성공으로만 안내되어 간다는 놀라운 사실을 참된 진리로 받아들인다. 그렇다. 성공습관이다.

 아이들은 지난 몇 달 동안 목표로 삼은 것을 모두 성공하였을 뿐 아니라 계속 성공할 수 있을 더 큰 목표를 만들 줄도 알게 되었다.

 하루의 목표 일기에는 그날의 생활과 학습목표 뿐 아니라 1년이나 1개월 후의 목표도 간결하고 뚜렷하게 적을 뿐 아니라 1년 후의 목표나 그 목표를 다시 쪼개어 중간 성공을 예정하여 계속 성취감 속에서 1년후의 목표를 성취할 수 있을 때까지 계획표를 작성하기도 한다.

아이들은 여름방학이 되자 공공연히 공부가 즐겁고 재미있다면서 스스로 계획표를 만들고 운동과 학습에 즐거이 매달리고 있다. 아이들은 전에 비해 눈빛이 반짝이고 행동이 민첩해졌다. 이젠 세상에 두려울 게 없다는 자신만만한 태도다. 이제 연석의 일과는 그저 아이들의 질문에 답하고 성적을 확인하는 것이 전부일 정도가 되었다.

아이들은 3차 계획표의 후반기에 시작한 턱걸이, 홀라후프, 동전넣기, 퍼터 연습 등에서도 시작할 때에 비해 놀라운 성공을 거두었을 뿐 아니라 영어단어, 한자의 암기 역시 최단기간 내 다수 반복으로 기억률 90%를 달성하여 모두 성공표창장을 받았고, 집안 곳곳이 성공표창장, 성공사진, 성공선물로 가득 채워져 가고 있다.

여름방학이 끝나고 나서 연석은 아이들이 싫어하는 사회과목 성적부터 올려야겠다고 작정한다. 사회과목 교과서로 하루 2시간씩 처음에는 설명을 하여 이해를 시키고 그 다음에는 배운 내용을 복습하게 하고 이어 문제집 3권을 구해 풀게 하였다. 문제에 대한 답은 반드시 답안지에 적지 않고 별도 종이에 적게 한다. 문제집에 출제된 각 항목에 관한 문제 수는 대략 50문제였다.

학습 후 ㉠출판사의 문제집을 풀게 하니 70점정도. 틀린 문제에 빨간 볼펜으로 ○표를 하고, 정답과 왜 그 문제의 답이 틀리게 되었는지 설명하고 정답을 알게 한다. 그리고 ㉡문제집을 주어 풀게 하니 80점 정도로 높아졌다. 역시 틀린 문제에 빨간 볼펜으로 ○표를 하고 정답과 틀린 이유를 설명하고 정답을 알게한다. ㉢문제집을 풀게 하니 점수는 85점이 나온다. 같은 방법으로 틀린 문제에 ○표시를 하고 그 정답과 틀린 이유를 설명하고 정답을 알게 한다.

다음날 다른 항목으로 진도를 나가기 전에 전날 푼 ㉠, ㉡, ㉢문제집의 틀린 문제를 다시 학습한다. 또 다시 틀리게 되면 ◎표시를 하고 정답을 외우고 다음날 다음 항목을 학습할 때는 첫째 날, 둘째 날에 틀렸던 ○, ◎표 문제를 다시 학습한다.

또 정답을 틀리면 동그라미를 한 개씩 더 치고 세 번까지 틀린 문제는 따로 문제를 적어 책상 위에 붙여둔다. 그런 방법으로 1주일을 학습한 뒤 1주일분 문제집을 다시 풀어보고 정답을 맞히지 못한 문제 역시 종이에 적어 책상 위에 붙여 놓는다.

위와 같이 교과서의 설명을 거쳐 문제집 3권을 계속 3회씩 학습하고 1주일 마다 다시 그 내용을 점검 확인한 결과 사회 과목은 어떤 문제집을 가지고도 한 문제 이상 틀리지 않게 되었다.

2학기가 시작되고 1개월 뒤 일제고사가 있었다.

사회 과목은 둘 다 만점을 받았다. 시험지를 가지고 귀가한 아이들은 담임선생님이 크게 칭찬해 주셨다고 자랑하면서 이제는 담임선생님이 좋다는 말을 서슴없이 한다. 몇 달 전까지 사회과목이 싫고, 사회를 가르치는 담임선생님도 싫다던 아이들이다.

담임 선생님뿐 아니라 부모님과 연석으로부터 칭찬을 듣고 성공 표창장을 건네 받은 석준은 2학기 중에 영어사전을 외우겠다하고, 경서는 한자검정시험에 응시하겠다고 말한다. 연석이 계획표를 만들어 보라고 하자 아이들은 나름대로 계획표를 만든다고 며칠째 고심이다.

석준은 결승전에 나가는 운동선수처럼 비장한 각오로 의욕 넘치게 사전암기를 하겠다며 계획표를 연석에게 건넨다.

석준의 계획표에는 10. 10.부터 2. 28.까지 매일 영어사전 5페이지씩을 외우고 첫날 외운 단어는 그 후 5번씩 매일같이 반복 외우는 것으로 짜여 있었다.

연석은 석준에게 처음 중학교에 입학했을 때 친구들 얼굴이 비슷하게 보여 이름과 얼굴을 같이 기억하기가 어려웠듯이 만일 영어단어를 1페이지부터 2페이지, 3페이지로 계속 외우게 되면 유사한 단어끼리 혼동이 생길 수도 있고 싫증도 날 수 있으므로 하루 단어 30개를 외우기로 했으면 첫날은 1페이지부터 30페이지까지 맨 위쪽의 단어 30개를, 둘째 날은 첫째 날 외운 것 확인 하고 31페이지부터 60페이지까지 맨 위의 단어 30개를, 3일째는 첫째 날, 둘째 날 분을 외우고 61페이지부터 90페이지까지 맨 위의 단어 30개를 계속 외우고 맨 위의 단어 외우기가 끝나면 1페이지부터 30페이지의 두 번째 단어를 같은 순서로 외우는 식으로 하는 것이 좋겠다는 것과 1주일에 하루쯤은 보충암기, 암기확인을 위해 외우는 일에서 뺄것을 주문하고, 테스트는 1주일마다 한 번씩 하자며 자신의 경험을 그대로 석준에게 말해 주었다.

그때 경서가 "선생님, 내 IQ보다 우리 반 친구들의 IQ가 더 높은데 내가 공부나 운동을 열심히 한다고 그 친구들 보다 더 성공할 수 있을까요?"하고 묻는다.

연석은 경서의 손을 꼭 잡은 채 말한다.

지능지수도 중요하지만 과거의 경험과 다르게 새로운 성공습관으로 무장한 사람에게는 세상의 어떤 장애물도, 또 어느 누구도 말릴 수 없는 강력한 성공추진력을 가지게 되어 다른 사람보다 몇 배 더 강한 탄력을 얻는다. IQ는 사람을 똑똑하거나 그렇지 않거나 구별하는 검사방법으로 나타난 산물일 뿐 성공과는 그리 큰 관련이 없단다.

"뇌의 능력을 측정하는 표준검사는 지능지수로써 수학, 논리와 언어능력을 측정한다. 하지만 감성지수라는 것도 있어서 다른 사람들과 관계를 맺고 상호작용하는 것이 뇌의 전반적인 건강에 얼마나 중요한지 인식해 가고 있다. 뇌를 더 건강하게 유지하려 할 때 단지 한 가지 표준으로만 판단할 수 없을 정도로 각자의 뇌는 독특하다. 지능지수로 보아서는 정신지체로 판단되는 사람이 의외로 남들이 생각하지 못하는 인식을 가지고 있을 수 있다." 〈내 몸 사용설명서〉

"성공에 필요한 요소는 단 하나의 획일적인 지능이 아니라 오히려 다양성을 지닌 광범위한 지능이다. 가드너의 지능 개념에서 중요한 의미를 지닌 말은 '다중'이다. 가드너의 모델은 지금껏 불변의 유일한 요인이라고 여겨져 온 IQ의 개념을 뛰어넘는 것이다. 최근 많은 심리학자들도 좁은 범위의 언어능력과 수리능력을 중심으로 삼는 IQ는 학생들이 교실에 있을 때나 성공할 가능성을 예견해주지, 학교를 벗어나면 거리가 멀어지게 된다는 가드너의 견해에 동의한다.

사람들은 각각의 영역에서 능력 차이가 난다. IQ가 높은 사람은 허둥대기 쉬운데 평범한 IQ를 지닌 사람이 놀랄 만큼 차분하게 능력을 발휘한다는 것은 자기통제와 열성과 끈기에 스스로 동기를 부여하는 능력 등을 포함하는 즉 감성지능이라 불리는 능력 때문인 경우가 많다." 〈EQ감성지능〉

"공부를 못하는 아이가 공부를 안 하는 것은 공부해서 좋았다고 느낀 경험이 없었고, 우등생이 된 자신의 모습을 예감할 수 없었기 때문이다. 예감은 과거의 경험에 바탕을 둔다. 성공 예감은 성공한 기억데이터로부터, 실패 예감은 실패한 기억데이터로부터 생겨나는 것이다. 성공한 사람들은 별로 힘들이지 않고 잘 할 수 있는 많은 것들을 통해 성공에 도달했다. 이러한 사실은 그동안 성공한 것처럼 또 다른 목표를 달성하기 위해 반복해서 성공할 수 있다는 사실을 보여 준다." 〈된다. 된다. 나는 된다〉

지금까지 경서가 해낸 작은 성공은 다음번에 큰 성공을 이룰 확률을 놀랄만큼 높여준다. 경서처럼 성공을 계속 경험한 사람은 실패자들이 하기 싫어하는 일도 기꺼이 하고 하기 싫은 일도 목적이 분명하면 즐겁게 그 일을 해냄으로써 결국 바람직한 큰 성공을 거두게 되는 것이다.

계속되는 성공은 자신감을 높여주고 높아진 자신감이 잠재력 발동을 자극하여 또 하나의 성공을 만드는 것이다. 일단 한 번 성공했다면 다음에 다시 성공할 능력이 한 단계 상승하게 된다.

경서가 지금까지 해낸 성공은 과거의 조건과 경험에 터 잡은 것이 아니라 자신이 새로 이루어 낸 성공으로 시작하여 성공습관으로 무장된 것이므로 IQ와 상관없이 앞으로 다른 친구들보다 성공의 실적이 훨씬 많아질 것이다.

뇌는 성공을 좋아하고 성공하는 장면을 상상해 보는 것도 좋아한다. 성공하거나 성공을 상상할 때 뇌의 모든 기능도 성공목표를 위해 움직이고 잠재능력까지 그 쪽으로 움직이게 한다.

그러므로 작은 것이라도 계속하여 성공함으로써 성공 경험을 쌓는 일은 우리에게 너무 중요하다. 성공의 감동을 알게 된 뇌는 모든 신체조직에게 성공 쪽으로 모든 힘을 모으라고 지시한다.

성공은 사람의 기분을 좋게 하고, 좋은 기분을 계속 확산시켜 성공이 계속 성공을 낳게 하는 선순환이 계속되게 한다. 성공파도를 탄 사람은 포부를 크게 가지고 자기에게 쏠리는 높은 기대를 만족시킬 능력이 있다고 믿는다. 자신감은 성공으로부터 생겨나 더욱 커져서 다음의 성공을 자동적이게 만들어 간다.

경서가 최근 이룬 모든 성공은 다른 친구들이 갖지 못한 너무나 귀중한 경험인 것이다. 사람이 어떤 일을 해낼 수 있다고 믿기 위해 필요한 최소한의 조건이 성공이요 그 성공을 기억하고, 앞으로의 성공을 계속 만들어 가기 위해서는 실제로 여러 번의 성공을 경험해야 한다.

계속 실패한 사람이라면 적어도 한 번은 실제로 성공을 짜릿하게 경험해야 "나는 할 수 있다"는 최소한의 증거를 얻는다. 과거 한 번의 성공도 자신감을 줄 수 있지만 반복적으로 성공을 거두게 되면 자신감은 더욱 강하게 쌓이고 실패에 대한 저항력도 훨씬 커져서 끝내는 실패자체를 부인하거나 무시할 수 있게 되는 것이다. IQ나 성공할 수 있을 것이라는 희망보다는 구체적인 성공경험에 따른 성공예감은 우리를 성공의 문으로 바로 안내해 준다.

"성공에는 성공의 법칙이 있어 성공법칙 속에서 사는 사람은 성공에만 도달하게 되어 있다. 성공법칙을 자기 것으로 만드는 선택권은 자신만이 가지고 있다. 그 법칙으로 들어가는 문의 자물쇠가 안으로 잠겨 있기에 내가 열고 나와야지 밖에서는 그 문을 열어 줄 수 없다." 〈당신이 답이다〉

성공습관을 가지면 눈을 감고도 성공을 계속할 수 있게 된다. 어떤 목표를 계속 성공하면 마음은 긍정적 상태에서 긍정적 확신의 상태로 옮겨져 조금의 의심 없이 자신이 세운 목표는 무엇이나 성공할 수 있다고 믿는 단계에 이르게 되고, 그런 상태에 이르면 새로운 성공 인생의 주인공이 된다.

사람은 현재를 넘어 자신의 미래의 모습을 볼 수 있는 미래기억 능력을 갖고 있다. 미래기억은 성공습관의 힘을 믿고 확실히 밀어준다. 성공습관에 터 잡은 실천과 성공은 서로의 협력적 원천이 되어 더 많은 실천이 더 많은 성공을, 더 많은 성공은 또 더 많은 실천을 창조한다. 일단 성공하면 공은 성공 쪽으로 구르기 시작하고 그 공은 계속 움직여 성공만이 모여 사는 문안으로 들어간다.

"성공한 사람은 모두 실천 지향적이어서 어떤 상황이 만들어지기를 기다리지 않고 언제 어디서나 실천을 촉발하고 일정한 운동량을 계속 유지한다." -베타파버-

성공 습관을 계발하고 성공기술을 보다 정교하게 연마해야 한다. 성공 습관이 바로 다음 성공의 안내자이고 지름길이기 때문이다. 성공과 실패를 결정하는 요소는 그리 대단하지 않다. 인류가 오랜 세월에 걸쳐 쌓아온 거창한 지혜가 아니라 단순하고 작은 성공을 계속 만들어 내는 성공 습관을 연습했느냐 아니냐이다. 성공의 집으로 가는 길에는 여러개의 출입문이 있다. 성공습관을 가진 사람은 가장 쉬운 문을 선택한다. 어려운 난관을 통과해야 할 때도 그는 성공습관이 안내하는 대로 해결이 쉬운 출입문으로 들어간다.

성공의 문을 열기가 진짜 어렵다면 성공습관은 그 어려운 문을 열 수 있는 지혜를 준다.

습관들이기

사람은 의도적으로, 계획대로 원하는 자기를 만들 수 있다.

지금까지 살아온 방식 그대로 사는 것은 최선이 아니라 평균적인 방식일 뿐이다.

누구나 생각하지 않고 말하거나 행동할 수 없다. 생각이 말을 만들고, 말이 행동을 만들며 행동이 습관을 만들어 결국 그 습관대로 그 사람의 운명이 만들어진다. 좋은 생각, 잘되리라는 긍정적인 생각이 긍정적 말을 하게하고, 나아가 긍정적 행동으로 나타나며 결국 긍정적 습관을 만듦으로서 그는 긍정적 인생으로 살게 된다.

그래서 사람은 그가 생각하는 대로 되고 말하는 대로 되며, 행동하는 대로 자신의 삶을 만들어 간다고 말하는 것이다. 그러니 우리는 습관의 씨앗이 되는 생각부터 긍정적이고 적극적으로 해야 한다. 부정적이고 소극적인 생각이나 말이 처음에는 별게 아닐지 몰라도 계속 그렇게 생각하고 행동함으로써 부정적인 습관으로까지 굳어져버리면 그 불행한 습관은 결국 한 사람의 인생을 송두리째 슬프고 불행하게 살도록 만들어 버린다.

처음 습관을 만드는 것은 우리 자신이지만 그 다음에는 습관이 좋거나 나쁘거나 간에 우리를 지배한다.

할 수 있다는 생각이 든다면 그 생각은 옳다. 또 할 수 없다는 생각이 든다면 그 생각도 옳다. 그런 생각들이 말과 행동을 통하여 습관이 되고 결국 우리 삶을 반드시 그렇게 만들어주기 때문이다.

"자유의 여신상을 떠올리지 말라고 하면 분명 당신은 지금 막 자유의 여신상을 머릿속에 떠올렸을 것이다. 부정적인 말을 사용하는 순간 그 부정어의 대상이 되는 것을 실제로 머릿속에 떠올린다는 얘기다." 〈끌어당김의 법칙〉

뇌는 실제와 상상을 구별하지 못한다. 내가 원하는 그림을 강하게 인식시키기 위해 신경시스템이 움직이도록 습관들이기만 하면 내가 의도하는 대로 뇌는 속아 넘어가 그대로 믿어버린다. 결국 처음에 내가 성공습관을 만들고 그 다음에는 성공습관이 나를 지배하도록 하는 것이 우리가 바라는 이상적인 삶의 모습이다.

'성공을 부르는 긍정의 힘'의 저자 사토 도미오는 습관형성을 다음과 같이 설명하고 있다.

"새로운 습관은 꾸준함, 자리 잡음, 자신감, 확신이라는 과정을 거쳐야 비로소 내 것이 된다. 따라서 어떤 사고를 습관화하려면 여러 번 생각하고 말로 표현하고 글로 써서 몸 안에 저장해야 한다. 여러 번 되풀이하는 동안 하면 될 거라는 마음이 싹튼다. 비로소 새로운 생각이 자리를 잡은 것이다. 이 변화를 실감했을 때 이번에도 잘된다, 점점 더 잘할 수 있다는 감정이 끓어오른다. 그것이 자신감이다. 자신감이 뒷받침되면 잘해야겠다고 의식하지 않아도 무의식적으로 몸이 그쪽으로 움직이면 확신의 단계에 도달했다고 해도 좋다. 새로운 습관은 이런 과정을 거쳐 무의식적인 습관으로 뿌리내린다." 〈무지개 원리〉

익숙해진 나쁜 습관을 좋은 습관으로 바꾸는 것은 힘이 들고 어렵겠지만 성공과 행복 쪽으로 삶의 질을 바꾸려는 사람이라면 반드시 하지 않으면 안 될 일이다. 사실 우리의 가치관에 일치하지 않는 나쁜 습관은 자신을 위해 무조건 또 즉시 바꿔야 한다. 그 나쁜 습관을 바꾸기 위해 우리는 생각과 말, 행동을 바꾸고 싶은 쪽으로 계속 연습하고 반복하지 않으면 안 된다.

　거듭 말하지만 모든 습관은 반복학습되어 만들어진 것이기 때문에 새로운 반복학습으로 나쁜 습관도 좋은 습관으로 바꾸거나 없앨 수 있고 자신의 이상과 일치되는 새로운 습관을 갖기 위해 스스로 그 가치지향적인 행동을 반복연습하면 분명 원하는 좋은 습관을 만들어 낼 수 있다.

　"긍정적인 성공 습관을 기르기 위해서는 우선, 나쁜 습관을 분명하게 찾아내어 이를 제거하고 새로운 성공 습관을 계발하기 위한 행동 계획을 수립하여 바로 반복 실천하는 것이다. 어떤 것을 습관으로 조건화시키는 가장 간단한 방법은 그것이 뇌 안에서 신경회로로 자리 잡을 때까지 반복 연습하는 것이다. 만일 도움이 되는 대안을 발견했으면 그 방법이 고통을 없애주고 즐거움을 빨리 얻게 한다는 것을 확인할 때까지 그 대안을 계속 실천하는 상상을 하는 일이 중요하다. 새롭고 효과적인 대안을 아주 강력한 감정욕구를 가지고 계속 연습한다면 그것은 새로운 신경회로를 형성하게 된다. 어떤 행동이든 강한 욕구를 가지고 충분히 반복한다면 반드시 조건화시킬 수 있다. 그런 조건화 작업을 통해 평생을 이끌어줄 습관적 방식을 계발할 수 있다. 조건화 작업을 하기 위해 우리는 고통과 즐거움을 활용하는 방법을 이해해야 한다. 신경체계 조건화는 자신이 원하는 행동은 즐거움에, 피하고 싶은 행동은 고통에 연결시키는 과정이다."〈내 안에 잠든 거인을 깨워라〉

뇌가 입력되는 정보의 진짜와 가짜를 구별하지 못한다는 것은 뇌가 정보의 진실성을 분별한 후 받아들이지 않는다는 뜻이다. 그런 뇌의 기능을 잘 활용하면 뇌로 하여금 사실이든 아니든 자신이 믿고 싶은 잠재력을 100% 믿게 하여 원하는 것을 성취할 수 있다.

뇌는 자신이 입수한 모든 정보를 그대로 받아들이고 그 정보를 믿어 신체조직에게 그에 따라 행동하도록 지시를 내린다.

실제로 자신이 무능하고 행복하지 않더라도 '할 수 있다. 행복하다'고 외치고 그런 것처럼 반복 행동하면서 뇌에 그런 정보를 계속 입력시키기만 하면 뇌는 그것을 사실로 받아들여 몸과 마음에 "할 수 있다. 행복하다"고 믿고 느끼게 하고 또 그에 알맞게 행동하도록 모든 신체조직에게 지시하는 것이다. 이것은 우리가 간과해서는 안 될 긍정적 믿음에 따른 연습의 소중한 효과다.

인간의 지각은 사실을 있는 그대로 받아들이지 않으며 오류를 저지르거나 착각할 수 있다. 우리가 보고 알고 있는 것이 모두 진실이 아니며 우리가 무엇을 믿을 때 그것이 진리인 것처럼 받아들이고 행동하지만 현실 그 자체를 보는 것이 아니라 표상세계(시각, 청각, 체각)를 통해 현실을 지각하며 그것을 바탕으로 자기만의 주관적인 지도를 만들어 그것을 사실로 믿고 있을 뿐이다.

인간은 매 순간 외부 자극을 처리하여 생존에 중요한 정보를 기억에 저장한다. 필요할 때 저장된 기억을 불러내어 새로운 정보에 대처하면서 과거라는 의식이 생긴다. 입력된 정보를 뇌가 처리한다는 것은 과거의 기억을 현재의 정보와 대조한다는 것이고 그것은 다음 순간 뇌가 신체조직에 어떻게 명령하고 또 그에 따라 신체가 어떻게 행동할 것인지를 무의식적으로 인식하며 미래를 (미래에 대비한 행동)예측하게 한다는 것이다.

"현재의 내 모습은 내가 습관적으로 하고 있는 생각의 결과다. 살면서 이룩한 현실적인 성공은 모두 우리 내부에서 일어난 정신작용의 결과이며 행동, 가치관, 사고방식은 지난 세월 반복된 학습으로 주입된 결과이기 때문에 새로운 학습을 계속하면 뇌를 속여 반드시 되고자 하는 모습이나 달성하고자 하는 목표와 일치되지 않는 생각이나 습관은 물론 분노, 두려움, 의심, 시기, 불만, 조바심, 옹졸함, 질투 등 부정적인 감정 역시 제거할 수 있다." 〈탈렌트코드〉

뇌가 움직임을 느끼면 움직임이 된다. 외부세계가 어떻든 뇌가 느끼고 그렇게 활동을 해 버리면 우리는 그렇다고 느끼고 알게 된다. 그것은 외부세계가 우리 밖에 있는 것이 아니라 어디까지나 뇌 속에서 만들어지는 현상이기 때문이다.

"내가 의도적으로 사고와 운동의 입력을 조절함으로써 나의 시냅스를 바람직한 방향으로 변화시킬 수 있다는 논리가 성립한다. 내가 나를 바꿀 수 있다는 사실은 뇌 과학이 우리에게 주는 가장 중요한 메시지다."〈몰입〉

반복에 의한 암시, 마음의 그림에 의한 암시야말로 잠재의식을 깨우는 중요한 기술이다. 두 번째 보면 첫 번째보다 훨씬 기억하기 쉬운데 이는 잠재 기억때문이다.

위와 같이 뇌가 정보의 진짜 가짜를 구별하지 못하고 계속적으로 반복 입력되는 정보를 사실로 믿는 특성을 이용하면 사람은 스스로를 의도적으로 조작하여 또 다른 자기를 만들 수 있다는 결론이 나온다.

못난 사람도 계속 잘났다고 외쳐대기만 하면 뇌는 잘난 사람으로 믿어 준다. 능력이 100인 사람도 능력이 500이라고 반복적으로 뇌를 세뇌시키면 뇌는 자신을 500의 능력자로 믿게 된다.

시험을 보기 전에 합격한다, 100점을 받는다고 말하고, 쓰고, 듣기를 반복하면 뇌는 합격하고 100점을 받은 것으로 믿어 자신감을 갖게 한다.

연석은 그와 같은 신앙 같은 믿음을 실제 여러 번 경험했기에 "사람은 그가 믿는 대로 이루어진다"고 하면서 그동안 많은 사람들에게 강연을 통해 그와 같은 말을 전파하여 왔다.

그런 믿음은 확실히 성취 욕구를 자극하고 성취행동을 하도록 열정을 일으키며 실천의지를 강화함으로서 믿음 없는 경우에 비하여 높은 성공률을 기록하는 것은 분명하고, 그런 점에서 반복 연습으로 뇌를 속여 긍정적 감정을 갖게 하는 것은 성공에 절대적으로 필요한 요소임이 확실하다.

그러나 반복적으로 세뇌공작과 같은 방법으로 진짜 뇌가 속아 넘어가 어떤 믿음이 만들어졌다고 하여 반드시 그 믿은 대로 성취되는 것은 아니라는 사실 또한 명백하다.

뒤에서 설명하듯 긍정적 믿음이라면 뇌가 아무리 속아 믿게 되었더라도 그런 정신병 같은 맹신만으로는 그대로 성취되지 않는다. 성공습관에 기초한 목표와 성공습관에 근거한 믿음에 의한 목표만이 성취를 보장받는 것이다.

성공습관 회로

"에릭 칸델은 학습 과정이 세포 차원에서 어떻게 이루어지는지 밝히는 데 크게 기여한 공로로 2000년에 노벨 생리의학상을 수상하였다. 칸델은 사람들이 무언가를 배울 때 뇌 속의 회로가 변화한다는 사실을 입증한 것이다. 두뇌는 끊임없이 무언가를 배우고 끊임없이 새로운 회로를 만든다. 우리가 뭔가 배울 때면 뉴런은 부풀어 오르고 흔들리고 쪼개진다. 두뇌는 근육처럼 작동하고 많이 움직일수록 커지고 복잡해진다. 우리가 어떻게 사느냐에 따라 뇌의 모양이 바뀌는 것이다." 〈브레인룰스〉

최근 뇌 과학 분야에서 밝혀진 바에 의하면 인간의 모든 행동은 사실상 신경섬유 사슬 간의 통신 결과다. 뇌는 뉴런이라고 하는 전선 1000억 개가 시냅스에 의해 서로 연결되어 어떤 행동을 할 때마다 신경섬유 사슬을 통해 근육에 신호를 보낸다.

어떤 것을 연습할 때마다 뇌에는 특정한 회로에 불이 들어온다. 또 스킬 회로가 발전할수록 사람은 회로를 사용하고 있다는 사실을 점점 덜 의식하게 되고 결국 스킬은 자동화되고, 무의식에 묻혀 자동성은 거의 완벽한 확신을 주는 착각을 만들어낸다. 다시 말해, 일단 스킬을 습득하면 마치 처음부터 갖고 있었던 것처럼 완전히 자연스럽게 느끼게 된다는 것이다.

스킬이 무의식적으로 자동화된다는 점은 우리가 깊이 생각해 본 대목이다.

모든 학습이나 연습은 시냅스 연결의 강화를 의미한다.

보고, 듣고, 느끼고, 감동하고, 웃고, 화내고, 운동하고, 꿈꾸고, 생각하고, 예측하면서 살아 있는 사람은 끊임없이 움직인다. 인간의 지각은 대부분 외부 세계에서 뇌로 흘러 들어오는 정보자체에 의한 것이 아니라 입력정보에 대하여 뇌가 이전의 경험을 바탕으로 무엇을 기대하는지에 따라 생긴다.

한번 성공을 하게 되면 성공에 이르는 위치까지 신경회로가 연결된다. 이것은 다음번의 목표를 성공으로 이끄는 안내자가 되고 그 성공신경회로는 다음 목표도 성공으로 이끌도록 최선의 행동을 나타내게 한다.

'실패는 성공의 어머니'라는 격언으로 사람들은 성공보다는 실패를 통해 많은 것을 배운다고 믿고 있지만 뇌는 실패했을 때는 아무 반응이 없다가 성공했을 때에는 새로운 신경회로를 창설하며 학습이 이루어진것을 확인하고 축하해 준다는 것이 최근 과학자들에 의해 밝혀졌다.

"원숭이에게 두 가지 그림을 번갈아 여러 번 보여주면서 하나의 그림을 보여줄 때에는 시선을 오른쪽으로 돌릴 때 먹이를 주고 다른 그림을 보여주면서는 시선을 왼쪽으로 돌릴 때 먹이를 주는 실험을 반복했다. 밀러 교수는 먹이를 얻어먹을 때 원숭이 뇌로 '성공했다'는 신호가 전달되고, 뇌의 신경세포도 이전보다 정보를 선명하게 처리하는 식으로 개선됐다." "성공한 행동을 한 원숭이는 그 선택을 반복하는 경우가 많았다." 〈동아일보 2009. 8. 1.〉

성공할 때 뇌가 그 성공에 대한 새로운 신경회로를 만든다는 사실은 참으로 놀랍고 기쁜 소식이 아닐 수 없다. 한번 성공하면 그 성공에 따른 새로운 신경회로가 만들어진다.

등반이면 등반, 농구면 농구같은 운동이나 기술 등 유사한 분야의 성공이 계속되면 이미 생긴 성공신경회로 옆에 또 다른 새 성공신경회로가 생기고 성공이 계속 될 때마다 계속 같은 성공의 신경회로가 만들어져 결국 축적된 성공의 수만큼 많아진 성공의 신경회로는 굵은 신경회로를 형성한다.

성공습관은 결국 성공의 신경회로를 강하고 튼튼하게 만들어 어떤 목표를 설정하려 할 때나 설정된 목표를 실행할 때 즉각적이고 자동적으로 축적된 성공의 신경회로 다발에서 성공하기 위한 정보를 제공받게 한다.

성공습관이 된 사람의 뇌에는 성공의 소프트웨어가 들어 있기 때문에 성공하기 싫어도 성공할 수밖에 없다.

반면 실패 소프트웨어가 들어 있는 뇌는 성공체험담을 아무리 들어도 그냥 흘려 보내버린다. 하드웨어로서의 인간의 뇌에는 능력차가 별로 없다는 것이 정설이지만 뇌에 성공의 소프트웨어가 설치된 사람은 모든 일을 긍정적이고 적극적인 방향으로 전개하여 성공만을 반복한다.

신경과학자 조지 바조키스 박사는 "모든 기량, 언어, 음악, 동작은 모두 살아 있는 회로로 이루어져 있으며, 모든 회로는 특정한 규칙에 따라 증식된다"고 말한다.

습관적으로 조건화되었다는 말은 무의식적으로 만들어낸 변화가 오랫동안 지속되게 되었다는 것이다. 어떤 것을 조건화시키는 가장 간단한 방법은 그것이 뇌 안에서 신경회로로 자리 잡을 때까지 계속 반복하는 것이다.

새롭고 효과적인 대안을 아주 강력한 감정욕구를 가지고 계속 연습하여 대안을 성공시키게 되면 그에 따른 새로운 신경회로가 형성되므로 어떤 행동이든 강한 욕구를 가지고 계속 반복하면 조건화시킬 수 있다.

지속적으로 보상강화 된 모든 행동양식은 자동화된 조건반응이 되지만 반복 강화되지 않은 것은 결국 사라지고 만다. 원하는 행동을 할 때마다 좋은 것을 선사하는 긍정강화는 자신이나 다른 사람의 행동을 조건화시키는데 매우 유용한 방법이다.

거대한 바위도 끊임없이 떨어지는 작은 물방울에 의해 닳아 구멍을 낸다. 비록 작은 물방울 같은 재능을 가졌더라도 포기하지 않고 끊임없이 강화하게 되면 그 작은 것의 성공이 세상을 이기는 큰 성공습관으로 만들어진다.

과거의 결과물을 축적하는 뇌 회로에 성공습관이 정착되면 관성의 법칙에 따라 뇌는 무의식적으로 기억된 성공 습관대로 목표 성공에 대한 정보를 정확하게 제공한다. 계속 성공하는 사람만이 성공 습관을 가지게 된다. 작더라도 새로운 성공이 계속 반복되면 자연스럽게 성공 습관이 만들어지는 것이다.

성공이 추진력을 더해 감에 따라 성공은 또 다른 성공을 낳고 결국은 성공습관으로 굳혀져 자신감을 강화하는 구조의 단단한 기반을 만들고 그를 통하여 계속적이고 자동적으로 성공을 이룬다.

성공은 에너지와 반복적인 훈련에 따라 이루어지는 보상물이다. 성공이 습관으로 되면 반드시 성공의 결과물로 되어 되돌아온다. 성공 습관은 긍정적인 성공보상만을 가져온다.

"성공 습관은 자신의 성공에 대한 믿음을 기르는 지름길이기 때문에 성공습관을 계발하고 기술을 보다 정교하게 연마하여야 한다. 성공과 실패를 결정하는 요소는 그리 대단하지 않다. 인류가 오랜 세월에 걸쳐 쌓아온 지혜까지는 아니더라도 단순한 상식에 의해 만들어진 성공 습관을 연습했느냐 아니냐에 달려있다."〈지금 행복하라〉

성공습관을 가진 사람의 표정은 밝다. 의욕이 넘치고 열정적이어서 새로운 일을 해내지 않고는 못 배긴다. 그의 삶은 확고한 목표를 향해 돌진하는 에너지 덩어리가 된다.

성공습관자에게는 보물지도로 새겨놓은 장래의 그림들이 살아 움직이며 실천으로 나아가도록 밀어부친다. 실천행동에 머뭇거림이 없고 실패나 실수를 곱십을 겨를조차 없다. 몸속의 세포들이 힘차게 살아 움직이는 것이 느껴지고 눈빛은 밝게 빛난다.

사람의 신체 조직이나 정신은 자생적인 치유력으로 성공적인 삶을 살아가도록 작동 한다. 전세기까지의 모든 치료약은 인체의 자생적 치유력을 이용한 것이었다. 상처 난 피부조직이나 감기는 인체의 자정능력 만으로 결국은 치유되고 만다.

치유를 위해 필요한 성공습관은 본성으로 길러지는 것이지만 우리가 비생산적이고 나쁜 습관을 찾아내고, 새로운 성공 습관을 계발하기 위해 노력한다면 훨씬 강력한 성공습관을 효과적으로 더 빨리 얻을 수 있다.

인생은 자신에게 꼭 맞는 일을 발견해 나가는 과정이라고 한다. 우리는 무엇인가 멋진 일을 성공시키면서 사회에 공헌하기 위해 태어났다.

아무리 작은 성공이라도 계속 하게 되면 그 성공은 점점 더 큰 성공으로 우리를 안내하는 것을 우리는 확실히 알고 있다.

성공 능력을 강화하려면 스스로 실천과 성공하는 횟수를 늘리고 작은 성공이라도 반드시 축하하여야 한다.

성공이 또 다른 성공을 낳도록 목표를 정하고 그것을 다시 쪼개어 성공활동을 매일 같이 반복함으로써 성공습관을 계발해야 한다. 원하는 것을 하나하나 성공할 때마다 자신을 격려하고 그것이 습관으로 자리 잡힐 때까지 계속 기억 속에 집어넣어 기념하며 보물창고에 저장하여야 한다.

성공습관에 기초하지 않는 목표도 뇌로 하여금 계속 반복하여 성취한다고 믿게 할 수 있는 우리의 뇌이므로 성공습관에 근거하여 만들어진 목표는 그 어떤 것이라도 반드시 성공시켜 주는 것이 본래 뇌의 힘이다.

좋은 습관은 얻기 어렵지만 삶을 편안하게 하고, 나쁜 습관은 갖기 쉽지만 삶을 어렵게 한다. 계속 성공함으로써 성공이 습관화되기만 하면 그 후의 모든 목표를 성공하는데 필요한 규칙이나 훈련은 아주 쉬워진다.

우리가 배우고 성공하여 다른 행동을 하기로 결단하지 않으면 똑같은 행동은 무한정 계속되어 늘 같은 일을 하고, 같은 음식을 먹고, 같은 생각을 하며 같은 텔레비전 프로를 보면서 진전 없고 지루한 생활을 하게 된다.

"작은 성공이라도 하나하나 조목조목 축하하라. 작은 목표가 달성되면 그 사실을 확인하고 기록하고 감사의 말을 하라. 스스로 자랑스러워하라. 성공을 느끼고 즐거워하라. 큰 목표가 달성되면 더 크게 축하하라"〈가슴뛰는 삶〉

두 번 잘못하면 옳게 되는 법이 없지만 올바른 일을 두 번 성공하면 잘못되는 법이 없다.

성공습관에 따른 긍정적 확신은 삶을 통째로 밝고 긍정적으로 관리해 나가게 한다.

▶이 단원의 교훈

최단시간내 다수반복이 만들어 낸 성공습관은 의지의 통제를 떠나 신체조직을 자동적으로 성공쪽으로 가동케한다.
대장장이, 기능공, 프로운동선수들은 성공습관 고수들이다.
우리도 성공인이 되기 위해서는 목표 달성을 위한 실천 행위를 다수 반복하여야 한다.

4. 잠재력

11월 말이 되자 석준은 1500단어를, 경서는 5급 시험한자 500자 외우기를 거의 마친 상태가 되었다.

연석은 잠재력에 대해 이야기해 줄 시기가 되었다고 생각한다.

이 책에서 뇌에 대해 말하는 내용은 대부분 뇌 조직을 연구한 생물학자들, 사람의 행동을 연구하는 실험심리학자들, 뇌조직과 행동의 관계를 연구하는 인지신경과학자들과 진화생물학자들이 밝혀낸 사실들이다. 사람들은 자기 뇌에 대하여 어지간히는 알고 있다고 생각들하지만 사실 뇌는 전문 과학자들조차 그 능력을 다 알지 못하는 분야다.

"사람은 뇌 그 자체이고 다른 기관은 뇌의 활동을 보조하는 부속품에 지나지 않는다. 뇌는 지구상에 존재하는 가장 정교한 정보처리 시스템으로서 그 기능을 다하기 위하여 신경회로로 전기를 보낸다. 그 회로는 흔히 '뉴런'이라는 신경세포들로 이루어져 있다. 신경세포들이 기적을 보여주는 과정은 아주 짧은 시간에 이루어진다. 뇌의 무게는 몸무게의 2% 정도밖에 되지 않지만, 에너지 사용량은 몸 전체가 사용하는 양의 20% 정도를 차지한다. 우리의 뇌는 한 번에 전체 뉴런의 2% 이상을 동시에 활용하지 못한다." 〈브레인룰스〉

뇌의 80%는 수분이며, 나머지 20%가 물리적 · 화학적인 구조를 이루고 있다.

"뇌는 신경세포와 신경절, 신경섬유, 뇌혈관, 뇌실로 구성되어 있다. 사람 몸의 세포는 대략 50조 내지 60조개 이고, 뇌는 1000억 개의 신경세포로 형성되어 있다. 뇌에 있는 뉴런은 대략 수천 억 개이고, 하나하나의 뉴런은 서로 밀접하게 연락망을 이루고 있으며, 신경 회로를 형성해 상호 연결함으로써 뇌가 작동한다. 뉴런과 뉴런의 연결 접점을 시냅스라고 하는데, 약 1000조 개로 추산되고 있다. 즉 하나의 뉴런이 평균 1만 개의 다른 뉴런과 연결, 신경회로를 형성하고 있다. 자신의 실체는 자신의 시냅스가 어떻게 배선되느냐에 따라 결정되고 유지되는 것이다. 어떤 행동이나 생각을 하면 그 결과가 시냅스의 영구적인 변화로 나타나서 인격이 변화한다. 모든 뉴런은 무수히 많은 다른 뉴런과 서로 연결되어 복잡한 상호작용 형태를 가져온다. 비록 뉴런 내부에서 생성되는 신호는 전기적인 것이지만 뉴런 사이의 소통은 화학적인 형태로 이루어진다." 〈뇌 생각의 출현〉

뇌의 1천억 개의 신경세포를 한 줄로 펼쳐놓는다면 지구 둘레보다 긴 약 45,000km정도가 된다. 뇌는 사람이 원하는 것을 거의 성취시킬 수 있는 무한한 능력을 가지고 있음이 과학자들의 연구로 밝혀졌다.

사람은 자신의 목표를 그의 능력에 따라 성공하면서 살고 있는데 뇌의 능력이 무한하다는 사실은 사람의 모든 성공이 뇌의 능력을 어떻게 사용하느냐에 따라 그 크기나 양이 결정된다는 결론이 나온다.

뇌는 매초 당 300억 비트의 정보를 처리할 수 있는 약 1만 킬로미터의 신경회로를 갖고 있다. 뉴런이 없으면 신경계는 감각기관을 통해 입수한 정보를 해석할 수 없고 그 정보를 뇌에 전달할 수도 없으며, 뇌가 그 정보에 따른 행동명령을 신체 조직에 내릴 수도 없게 된다.

뉴런은 가장 뛰어난 컴퓨터의 능력보다 훨씬 빨라 불과 0.02초 안에 수십만 개의 다른 뉴런에게 정보를 전달할 수 있다. 컴퓨터는 단계적으로 정보를 처리하는 데 반해 수백 억 개〈혹은 수천 억 개〉의 뉴런은 한 문제를 동시에 효과적으로 공략할 수 있는 것이다.

뇌는 순간순간 정교하고 민첩하게 우리를 능률적으로 움직이게 하는 완벽한 중추 시스템이다. 근육 등 감각판에서 나온 정보는 거의 동시에 운동을 관장하는 소뇌로 가고, 소뇌는 대뇌의 운동 피질과 연결되어 있다. 운동 피질은 다시 전두엽, 두정엽과 정보를 주고받는데 운동 피질로 올라간 정보는 서로 연계되어 처리되며, 처리 결과가 근육으로 전달되어 운동으로 나타난다.

신피질은 네 개의 주엽으로 되어 있는데 후두엽은 시각정보를, 측두엽은 소리를, 두정엽은 촉각을, 전두엽은 움직임을 맡아하고 있다. 그 중 성공과 미래예측에 가장 중요한 뇌 부위는 비교, 예측, 판단을 하는 전두엽이다.

"*우리 몸의 약 60조 개의 세포 속에는 무려 30억 개의 화학문자로 구성되어 있는 유전자 정보가 들어 있다. 그리고 그 30억 개의 유전자 정보는 1천 쪽짜리 책 3천권 분량의 정보량과 같은 어마어마한 양이다. 하지만*

이렇게 엄청나게 많은 유전자들 중에서 실제로 작동하는 것은 10%에 불과하고 나머지 90%는 모두 OFF 상태로 꺼져 있다는 것이 학자들의 말이다. 결국 문제는 인간의 잠재력인 꺼져 있는 90%의 유전자들을 어떻게 ON으로 바꿔 사용할 것인가에 달려 있다. 스위치 ON의 효과를 설명하는 에피소드는 많다. 차에 깔린 자식을 살려내기 위해서 차를 번쩍 들어올렸다는 어머니, 애완 고양이를 꺼내기 위해 장롱을 옮겼다는 할머니, 막다른 골목에 쫓겨 엉겁결에 뛰어넘을 수 없는 담을 넘었다는 등 다급한 순간 초인적인 힘을 발휘한 이야기를 들어보았을 것이다. 막다른 골목에서 우리는 제2·3의 호흡, 즉 '생명의 예비군'을 동원시킬 수 있다. 열정과 집념, 그리고 욕망이 합쳐져 편성된 그 군대는 우리의 잠재력을 깨우고 계발시킨다. 그래서 전에 보지 못하던 것을 보게 하고, 듣지 못하던 것을 듣게 하고 느끼지 못하던 것을 느끼게 하며, 내지 못하던 힘을 내게 한다."〈가슴뛰는 삶〉

"우리 몸의 60조 개의 세포는 실은 의외다 싶을 만큼 빠른 속도로 교체되고 있다. 몸 전체의 세포도 두세 달이 지나면 완전히 새 세포로 교체되어 버린다."〈뇌과학〉

뇌과학을 접하면서 뇌의 경이로움에 경탄을 금할 수 없게 된다. 3개월 만에 60조 개나 되는 몸의 세포가 새로운 세포로 교체된다는 것은 참으로 놀라운 사실이다. 1초에 770만개, 한 시간에는 277억개, 하루에는 세계 인구의 100배나 되는 6652억개의 새로운 세포가 생겨 그 정도의 옛 세포와 교체되는 것이다.

누구나 몸에 암세포를 지니고 살아가지만 우리가 알지 못하는 사이에 우리 몸의 면역체계는 끊임없이 암세포를 죽이고 맥을 못 추게 만들어 정상생활을 유지하도록 해준다.

"암세포는 근본적으로 정상 세포이며, 처음에는 정상 세포에서 시작하지만 세포 내부의 무언가가 변화되면서 신체·생리에 맞지 않게 행동한다. 당신의 면역 체계가 경찰처럼 활동하면서 이러한 나쁜 세포들을 쫓아낸다. 그러나 암세포들은 범죄를 저지르고 도망치는 범죄자처럼 매우 영리해서 면역 체계를 공격하는 방법도 잘 알고 있기 때문에 잡아내기가 매우 어렵다." 〈내 몸 사용설명서〉

아직까지 정상세포가 어떻게 암세포로 변환되는지 그 근본적인 원인이 밝혀진 바는 없다. 몇몇 고대 이집트 미이라의 뼈에서 종양이 발견된 점에 비추어 암은 수천 년 전부터 있어 온 것으로 보인다. 현대에 와서 3명 중 1명이 암환자라고 할 만큼 암이 위력을 발휘하는 것으로 보면 암은 환경 공해와 같은 외부적인 요인과 스트레스와 같은 정신적인 요인에 의해 그 발병률이 격증한 것이 아닐까 추론해 본다.

그리하여 암을 이기는 방법은 조기 발견과 치료도 중요하지만 우리 몸의 면역 체계를 획기적으로 강화함으로서 원천적으로는 암세포의 침입을 막고 나아가 암세포에 대한 공격을 강화하여 암세포가 옴짝달싹 못하게 하는 길이라고 믿는다.

 의학계에서는 심장과 혈관을 젊게 유지하도록 식사량을 조절하고 정기적으로 운동을 하며 활발한 사회활동을 하고 항산화제가 풍부한 음식과 비타민D를 섭취하는 것이 면역계를 강화하는데 도움이 된다고 한다.

 모든 사람이 암세포를 지니고 있어 우리의 면역계가 암세포와 싸워 이기느냐, 지느냐, 암세포와 면역계 중 어느쪽 힘이 더 세냐가 암의 발병 여부를 결정짓는 것은 명백하다. 어쩐지 기운이 빠지는 듯하고 몸이 으스스하고 안 좋다고 생각될 그때 우리 몸이 바이러스의 공격을 당해내지 못해 감기에 걸린 경험은 누구나 했던 일이다.

 식단과 식사량, 운동도 중요하지만 1초에 새로 생겨나는 770만 개의 새 세포를 건강하고, 튼튼하며, 힘 있는 세포로 태어나게만 할 수 있다면 우리의 면역 체계는 어떤 암세포도 감당하지 못할 강력한 힘을 가질 것이다.

 우리의 몸과 마음이 부정적이고 패배주의에 젖어 있을 동안에 새로 생긴 세포는 힘 없는 것이거나 탄생 직후 암세포로 바뀌게 될 것이고, 긍정적이고, 열정적이며 기쁨과 사랑에 충만한 상태일 경우에는 새로 생긴 세포 하나하나는 생기발랄하고 무한한 가능성을 지닌 힘 있는 세포로 태어날 것이며 그런 튼튼한 세포일 경우 만일 새 세포가 일시적으로 암세포에 끌리더라도 암세포의 끄는 힘을 뿌리치거나 그 안에서 뛰쳐나올 수 있을 거라고 생각할 수 있다. 감기도 신체가 허약하거나 정신적 스트레스 상태에서 많이 걸린다는 사실에 다시 한 번 유의해 보라.

우리가 무언가를 감지함에 있어 뇌의 판단 소요시간은 1000분의 1초도 안 되는 찰나인 것이 밝혀졌으며 그 과정들이 거의 무의식적으로 처리되기 때문에 좋아하거나 싫어하는 감정이나 자신의 신체조직에 대한 긍정적·적극적이거나 부정적·소극적 반응이나 그런 행동의 지시 역시 찰나에 일어나는 것으로 이해된다.

부정적이거나 소극적인 생각은 물론 그런 말이나 노랫말 등은 입에서 나오는 순간 이미 자신의 감정이나 행동에 부정적인 반응이나 행동에 영향을 미친다.

아무느낌 없이 욕설이나 비난, 슬픈 가사의 노래를 부르거나 늙었다, 힘없다, 형편없다는 등의 자기 비하의 말이나 부정적인 생각은 바로 우리에게 돌이킬 수 없는 큰 해악을 끼친다.

이별과 죽음, 눈물과 원망의 노랫말이 입에서 나오기 전에 그런 관념을 떠올리는 순간 본인은 느끼지 못하지만 뇌는 이미 그의 신체조직들에게 이별이나 눈물이라는 부정적 반응을 표현하도록 지시한다.

이것이 현실에서 슬픈 연기를 하는 자의 삶이 슬퍼질 수 밖에 없고, 슬픈 노래를 부르는 자의 행동이 비관적일 수 밖에 없는 이유다. 그러므로 지금 우리가 어떤 고난을 당하고 어려운 지경에 처하여 도저히 출구가 보이지 않을 지라도, 아니 어렵고 고통스러운 그때 오히려 긍정적이고 적극적인 쪽으로 자유의지를 선택하여 희망의 밝은 빛을 바라보면서 반드시 긍정적으로 살아야 하는 것이다.

뇌의 특성

과학자들은 뇌는 무한한 능력체로 스스로 존재하고 질병이나 부상 등으로 손상을 입지 않는한 사람에 따라 뇌의 능력에는 큰 차이가 없다고 한다.

그렇다면 뇌의 무한한 능력을 잘 이용하는 사람은 성공하여 위대한 삶을 살게되고 그 능력을 꺼내 쓰지 못하고 방황하는 사람은 실패한 삶을 산다는 확실한 결론이 나온다.

그러므로 머리가 좋고 나쁘거나, 능력이 있고 없고, 성공할 사람과 실패할 사람, 행복한 사람과 불행한 사람이 예정되어 있지 않다는 것이 명백한 진리인 것이다.

자신에게 무한한 능력이 있으니 어떻게든 그 능력을 끌어내어 계속 목표를 성취해 나가는 일은 누구든지 할 수 있는 일이다. 누구는 머리가 좋다. 공부를 잘한다. 나는 그를 따라갈 수 없다. 나는 그 사람보다 더 잘 할 수 없다는 말들은 사실 자신을 너무 모르는 어리석은 사람들의 넋두리 일 뿐이다.

사람은 궁하면 자기변명을 한다고 하지만, 과학적으로 증명된 무한 능력자인 사실은 묻어두고 아무근거 없이 자신을 무능력자, 부족한 사람, 못난 사람이라고 비하하는 것은 자신에 대한 크나큰 모독일 것이다.

자신을 과대평가하거나 우월감을 가지라는 말이 아니라 자신을 있는 그대로 보고 대우해 주라는 말이다. 자신의 진정한 능력을 바로 보고, 능력을 가진 사람으로서의 가치를 인정하며 최선을 다해 자신만의 독특한 삶을 살아가야만 적어도 세상에 태어난 값어치를 하는 길일 것이다.

우리는 반드시 성공해야 하고, 계속 성공하여, 성공 습관자가 되어 성공에 성공이 꼬리를 무는 성공인생이 되어야 한다.

성공하는 삶을 살기위한 여러 갈래의 길이 있겠지만 가장 효과적인 방법은 무한한 능력체인 뇌의 특성을 잘 이용하여 성공습관을 기르는 길이다.

뇌는 한 번에 한 가지 생각밖에 못한다.

뇌는 몸의 지휘통제소이기에 몸과 마음을 일체로 움직이게 하기 위해 기쁠 때는 기쁜 생각과 기쁜 행동을, 슬플 때는 슬픈 생각과 슬픈 행동을 지시하게 된다. 기쁘면서 슬플 수 없고, 미우면서 사랑할 수 없으며, 즐거운 기분에서 우울한 행동을 할 수는 없다.

뇌가 한 번에 한 가지 생각 밖에 하지 못한다는 원리는 다른 면으로는 뇌가 하는 생각이나 감정을 다른 것으로 바꿀 수 있다는 말이 된다. 괴롭고 슬픈 사람이 계속 괴롭고 슬픈 상태에 있을게 아니라 뇌로 하여금 슬픈 감정이나 생각대신 행복하고 즐거운 감정으로 자리바꿈을 하게 할 수 있다.

우리 모두는 하기 싫은 생각은 하고 싶은 생각으로, 나쁜 감정은 좋은 감정으로 부정적인 것은 긍정적인 것으로, 패배주의는 낙관주의로, 실패의 예감은 성공의 예감으로, 소극적인 회피에서 적극적인 참여로 생각과 행동을 변화시킬 수 있다.

그러므로 기분이 나쁘거나 우울할 때, 친구가 원망스럽고 선생님이 야속하게 여겨질 때, 공부가 하기 싫고 학교가기가 싫을 때, 바로 그 우울하고 원망스러우며 하기 싫은 부정적 생각에 그대로 파묻히거나 휘둘리지 말고 뇌에 그 반대쪽인 긍정적 생각을 강하게 집어넣어 부정적 생각을 몰아내고 그 자리에 긍정적 생각을 자리잡게 해야한다.

위와 같은 뇌의 특성은 긍정적인 반복연습을 통하여 부정적 생각이나 행동을 긍정적인 것으로 바꾸어 결국 우리를 성공적 삶으로 안내하는 길잡이가 된다.

뇌는 입력되는 정보의 진짜 가짜를 구별하지 못한다.

박진감 넘치게 움직이는 영화 장면도 실제로는 수만 컷의 사진들이 연결되어 움직이는 것처럼 조작된 것인데 뇌는 그것을 실제의 움직임으로 착각하기에 우리는 재미있게 영화를 관람할 수 있다. '아바타' 라는 입체영화가 인기다.

두 눈이 같은 각도에서 물체를 보면 입체감을 느낄 수 없다. 그런데 인위적으로 두 눈이 각기 다른 각도에서 물체를 보는 것처럼 조작하면 뇌에 입체감을 느끼게 착각하도록 만드는 것이 입체영화의 원리다.

같은 길이의 선을 길거나 짧게 느끼고, 같은 장면을 보고 즐겁거나 슬프게 보는 등 뇌가 들어오는 정보의 진짜, 가짜를 구별하여 수용하지 않는 사실들을 우리는 경험으로 알고 있다. 뇌는 밖에서 들어오는 정보를 가치판단 없이 그대로 믿고 받아들여 저장한다.

입 속에 방금 자른 레몬 한 조각, 덜 익은 석류 알이 들어 있고 지금 그것을 힘껏 깨문다고 상상해보라. 곧바로 입 속에 침이 고인다. 상상과 현실을 구분하는 능력이 없는 뇌가 실제로 신 맛을 느끼고 침을 내보내라는 지시를 했기 때문이다.

뇌세포는 실제 경험과 상상이나 경험 사이의 차이를 구별하지 못한다. 완벽한 행동모델을 시각화하면 뇌는 그에 따라 더 나은 행동의 실행을 지시한다. 누구도 곤경에 빠진 상태 그대로 계속 있을 이유는 없다. 당신은 나무가 아니라 무한한 능력체인 뇌의 지시를 받는 인간이고 뇌는 그 곤경상태를 극복할 충분한 힘을 가졌기 때문이다.

뇌는 반복 입력되는 정보를 사실로 믿어 버린다.

위와 같은 뇌의 특성은 학습, 기억, 성공에 있어 우리의 모든 생각과 행동 전체의 의미와 결과까지 만들어 낸다.

능력 없는 사람도, 자신이 능력자라는 정보를 뇌에 계속 입력시키면 뇌는 그를 능력자로 믿게 된다.

건강하지 않는 사람도, 예쁘지 않는 사람도, 돈이 없는 사람이나 나아가 실패자도, 사실이 아닌 어떤 정보일지라도 그가 원하는 반대정보를 계속 뇌에 입력시키면 뇌는 그 입력되는 정보대로 건강한 사람이나 성공자, 미인이나, 부자로 믿게 되는 것이다.

우리의 감정은 기분이 좋다. 즐겁다, 건강하다, 행복하다는 등의 긍정적 정보 보다는 우울하다, 슬프다, 기운 없다, 불행하다는 부정적인 말에 더 빨리 반응하지만 사실 우리의 뇌는 긍정적인 정보를 더 좋아한다.

신경연결고리인 뇌의 시냅스는 성공할 때에만 새로운 신경회로를 만들어 환영한다는 사실을 다시 한 번 상기하기 바란다.

우리가 뇌의 위와 같은 특성을 잘 이용하면 기분이 좋지 않거나 하기 싫을 때 그런 생각이나 감정 상태를 직접 상대하지 말고 기분 좋고, 하고 싶은 생각이나 감정을 뇌에 계속 이입함으로써 좋지 않은 기분이나, 하기 싫은 마음을 기분 좋고, 하고 싶도록 바꾼 뒤에 즐겁고 하고 싶은 마음으로 우리가 해야 할 공부나, 하고 싶은 목표의 추구, 일상을 즐기며 살아갈 수 있다.

여기서 한번 더 유의할 점은 뇌가 자신이 원하는 정보대로 믿는다 하여 그 믿음 대로 반드시 이루어지거나 성공할 수 있는 것은 아니라는 사실이다.

뇌가 어떤 일을 할 능력이 당신에게 있다고 믿고 합격자, 당선자라 믿는다하여 바로 입력된 정보와 같은 능력을 발휘하거나 그런 능력자(합격자, 당선자)로 되는 것은 아니라는 말이다.

우리는 생태적으로 성공과 성취를 갈망하는 유기체이지만 성공을 위하여는 확정적인 목표, 성취할 능력과 성취를 확신하고 그 목표를 성취하기 위한 효과적인 실천행위가 있어야 한다.

근거없는 허위정보에 따른 위와 같은 확신도 막상 실천행위로 나아갈 때에는 성공을 위하여 핵심적 기여를 할 수 있어 유용한 것임은 물론이지만, 뇌에 성공신경회로가 만들어지고 그런 성공이 계속되어 강화된 신경회로가 성공의 신경다발로까지 되면 그에 근거한 믿음은 실패나 의문과 같은 부정적 요소는 100% 배제되고 뇌의 정보 신뢰도는 하늘을 찌를 만큼 완벽하여 뇌는 무의식적이고 자동적으로 성공시스템의 가동을 지시한다.

나는 믿는다. 뇌가 믿게 되었다고 하는 것마다 모두 성공되지 않지만 성공습관이 계획하고 성공습관이 믿는 목표라면 어떤 장애물도 돌파하여 즉각적이고 의문의 여지 없이 성공의 정점에 도달된다.

원래부터 뇌는 한 치의 오차도 없이 의도한 목표를 성취하게 설계되었기에 성공을 원한다면 성공을, 행복이나 건강을 원한다면 행복이나 건강을, 실패를 원한다면 실패를 이루어내게 되어 있다.

그런 무한능력을 가진 뇌의 주인인 우리에게 무슨 능력의 한계가 있단 말인가. 사실 모든 개인의 내면에 깃든 능력과 재능과 소질은 무한한데도 어떤 사람은 그런 사실을 확신하지 못하여 스스로 자신이 어느 정도밖에, 더 이상은 할 수 없다는 한계를 만들어 놓고 그 한계 안에 갇혀 살고 있다.

우리는 현재 스스로 만든 능력의 한계보다 훨씬 더 큰 능력을 보유하고 있으며 그 능력의 핵심인 창조성은 태어날 때부터 우리가 가지고 있던 것이다.

"스탠리 스타인은 나병환자로서 병이 나을 때까지는 나병환자 수용소를 떠날 수 없었다. 그는 완전히 장님이 되어 여러 번 죽으려고 했다. 내게 남아 있는 것으로 무엇을 할 수 있을까. 책을 쓸 수 있겠다. 작가가 될 수도 있겠다는 긍정적 사고가 그의 마음속에 흘러들어 왔다. 모든 사람들이 희망을 잃고 사실상 생죽음의 상태에 있는 동안 그는 인류와 재회하기 위한 운동을 시작하기로 결심했다."〈긍정의 삶〉

"자폐증을 앓고 있는 톰은 정식으로 음악 교육을 받은 적이 없지만, 다른 사람들이 피아노를 연주하는 소리만 듣고도 따라 연주할 수 있었다. 톰은 딱 한 번만 듣고도 복잡한 피아노곡의 기술과 예술성을 전문 피아니스트 수준으로 표현할 수 있었다. 톰은 머릿속에 있는 신경 기록 장치의 스위치를 '온'으로 바꾸어 음악을 기록해 두는 것처럼 음악을 흡수했다."〈브레인 룰스〉

"톰 템프시는 태어날 때부터 오른손이 없었고 오른발은 반 밖에 남아 있지 않았다. 그는 내셔널 풋볼 리그에서 11시즌 동안 플레이스 키커로 활약했고 258개의 필드 골을 시도하여 그 중 159개를 성공시켰다. 그가 세운 모든 기록은 장애가 있는 오른발로 해낸 것이며 그 발로 그는 내셔널 풋볼 리그 역사상 가장 긴 필드 골을 성공시켰다. 1970년 디트로이트 라이온스와의 경기에서 그는 경기 종료 시간을 몇 초 남긴 상태에서 63야드짜리 필드 골을 성공시켰다. 톰의 아버지는 그에

게 말했다. -아들아 네가 원하기만 한다면, 다른 사람들과 조금 다른 방법이긴 하겠지만 무엇이든 다 할 수 있단다." 〈ACTION〉

영화 '레인맨'의 실제 주인공인 킴 피크는 7800권 이상의 책을 송두리째 암기한 걸어 다니는 백과사전으로 불린다. 그는 두 책을 동시에 읽는가 하면 책을 거꾸로 들고 읽거나 심지어 다른 사람과 얘기하면서도 책을 읽을 수 있는 능력을 가졌다.

그는 특별한 신체적 장애가 없음에도 면도나 옷 입는 것은 혼자 하지 못한다. 그의 뇌는 골고루 발달된 것이 아니라 일부만 특출하게 발달되었고 다른 부분에 결함을 갖고 있은 것이다.

어깨부터 두 팔이 없고 두 발까지 없는 '닉 부이치치'는 전도사로서 전 세계를 순회하며 연간 수십 만 명에게 신체조건은 전도의 사명을 감당함에 아무런 장애가 될 수 없다고 간증하고 있다.

옥스퍼드 대학을 졸업하고 박사과정을 밟고 있던 21살의 스티브 호킹은 조정 선수로 활동할 만큼 패기 넘치고 건강한 청년이었다. 어느 날 운동신경이 파괴되고 온몸 근육이 뒤틀리는 루게릭병으로 1~2년밖에 살지 못한다는 진단을 받은 그는 자신의 처지를 비관하지 않고 고난과 시련을 극복하여 제2의 아인슈타인이라는 칭호를 얻었다.

실낙원을 쓴 밀턴은 장님이었기에 뛰어난 시를 썼고, 베토벤은

귀머거리였기에 천재적인 작곡을 했다. 헬렌 켈러의 놀라운 생애는 눈멀고 귀먹고 말 못한데 자극받아 잠재력을 계발한 결과다. "만일 내가 심한 병약자가 아니었다면 그처럼 많은 일들을 성취할 수는 없었을 것이다." 약점이 뜻밖에 도약의 계기가 되었다는 찰스 다윈의 고백이다.

위와 같은 사례들에서 우리는 그들의 능력은 원래 그들 스스로 가지고 있던 것이었는데 장애를 겪은 뒤 스스로에 의해 발현된 것으로 숨어 있던 잠재력을 계발한 것일 뿐 결코 기적이 아니라고 설명한다.

사실 신체적 장애는 얼마든지 극복할 수 있다. 장애는 성공에 이르는 길에 조금 더 어려움과 불편을 주는 것에 불과하다.

우리가 맞닥뜨리는 불운은 죽고 사는 문제가 아니라 삶이라는 큰 틀에서 보면 일상적인 가벼운 유의사항 정도일 수 있다.

치명적인 병이나 갑작스러운 죽음 같이 더 이상 일어서지 못하게 하는 끔찍한 상황이 아니라면 삶에서 꿈을 현실화하지 못하도록 막는 넘지 못할 장벽이란 사실 없다.

삶이란 고난, 장애, 불공평함, 거부, 좌절, 불운의 연속일 수 있지만 그 일이 모두 삶에서 꿈을 가로막을 힘을 가진 치명적인 장애물은 아니라는 것이다. 누구나 해낼 수 있는 잠재력의 발현 예를 신체적 장애인들의 성공 예로 드는 것이 정상인을 너무 부끄럽고 초라하게 만든다.

장애인보다 더 형편없는 생각으로 잠재력 계발에 무관심한 정상인이 너무 많은 것이다. 누구에게나 잠재력을 깨워 또 다른 멋진 세계로 들어가는 길목에는 항상 큰 위기와 장애물이 자리 잡고 있을 수 있다.

헤밍웨이의 말처럼 사람들은 상처를 받지만 많은 사람들은 그 상처를 통해 더 강해진다. 장애인이 해 냈고, 할 수 있었던 일을 정상인이 해내지 못 할리 없다.

목숨이 경각에 달렸다는 중병을 선고 받은 시한부 인생이 삶을 포기하지 않고 끝까지 매달려 생명을 건진 기적적 현실을 우리는 너무나 숱하게 보고 듣고 있다.

"뇌의 활동에서 의식의 영역은 5%에 불과하고 의식의 지평으로 올라오지 않는 무의식이 나머지 95%를 차지한다. 이 95%의 무의식영역이 바로 자동적 항상성 시스템과 관련이 있다. 5%의 의식 상태에서만 다양한 감각 입력이 통합되고 바로 다가올 상황에 대해 미리 낌새를 알아채는 전조가 된다. 불확실성에 대처할 수 있는 것. 느낌을 통해 구현되는 예측이야말로 우리가 불확실성에 대처할 수 있는 방법이다."〈뇌 생각의 출현〉

우리의 삶에서 의식은 생각하고 기억하며 판단하는 자각하는 세계이고, 무의식은 느끼거나 자각할 수 없는 세계로서 그 깊이는 상상할 수조차 없이 깊다.

학자들은 무의식은 스스로 의식하지 못할 뿐 삶의 어떤 상황이나 사람의 행동이나 사고, 감정에 분명히 영향을 미치고 있다고 확인한다.

물에 빠진 사람이 삶 하나만을 위해 사력을 다해 숨을 쉬려 하듯 장애인이 그 장애를 극복하기 위해 피눈물 나는 노력과 열정으로 성공하는 것을 보면서도 정상인들은 "나는 안 된다"는 바보 같은 푸념만 하면서 끝내 잠재력 발현을 외면하고 있다.

위와 같은 장애인들의 성공 사례는 그들이 장애를 뛰어넘기 위해 조그만 성취로부터 큰 성취에 이르기까지 계속 성공을 이루어나가고 그 성공을 축하하면서 결국은 최후의 성공을 위한 성공습관으로까지 이어지게 된, 본래 그가 가지고 있던 큰 잠재력을 깨워 일궈낸 아름다운 열매다.

최근의 자기계발서에는 에너지, 인력, 파동, 믿음에 마력이 있다고 하면서 그런 힘들이 잠재력을 끌어내는 원천이고 성공은 그런 힘이 이루어 낸 자동적이고 필연적 결과인것 같이 설명한다.

"현대 양자물리학은 만물을 에너지로 본다. 여기서 에너지는 심리학적 용어로 말하면 '정신'이고, 종교적 용어로 말하면 '영혼'이다. 양자물리학의 시각으로 보면 인간의 신체는 에너지가 뭉쳐진 것이고 이 에너지 흐름의 균형이 깨질 때 병이 생긴다. 사람들은 깨달음을 너무 어렵게 생각하는 경향이 있다. 뇌파를 자기 의지대로 조절하고 창조한다는 말은 자기가 처한 환경에 지배당하는 것이 아니라 자기 속에 잠재된 힘을 끌어내어 원하는 인생을 마음대로 창조할 수 있다는 것을 뜻한다." 〈꿈꾸는 다락방〉

"우리의 뇌만 파동을 수신하고 발신하는 것이 아니다. 자연계에 존재하는 모든 만물은 고유의 리듬을 가지고 끊임없이 요동치며 파동을 주고받는다. 실상은 모두 하나의 에너지로 연결되어 출렁이고 있을 뿐이다. 만물의 경계는 그저 소립자들을 결속시키는 구실을 하는 에너지장이라는 느슨한 울타리가 있을 뿐이다. 그 울타리는 막힘없이 사방으로 트여 있다. 뇌파는 뇌에 존재하는 에너지의 출렁거림이다." 〈뇌파진동〉

"동물에게도 햇빛이 오지만 태양에너지를 이용하는 방식이 식물과는 다르다. 식물은 태양에너지를 화학에너지로, 동물은 시각 시스템으로 흘러가는 전압 펄스로 바꾼다. 전압의 파, 전기적 에너지로 변환하는 것이다." 〈뇌 생각의 출현〉

"긍정적인 것이든 부정적인 것이든, 내 삶은 내가 주위와 에너지와 집중력을 쏟는 대상을 자연스럽게 끌어당긴다. 필요한 것, 알아야 하거나 가져야 하는 것을 얼마든지 얻을 수 있다. 또한 원하는 것은 더 많이 얻고 원하지 않는 것은 멀어지게 할 수 있다. 이 세상의 에너지는 다양한 형태로 존재한다. 원자력에너지, 열에너지, 전동에너지,

운동에너지, 위치에너지 등 에너지는 그 형태만 바꿀 뿐 소멸되지 않는다. 양극(+)과 음극(-)의 발생은 자연현상과 과학에서는 자연스러운 사실이다. 과학자들의 말에 따르면 어떤 한 영역에서 관찰할 수 있고 정량화할 수 있는 물질적 법칙이 존재하면 다른 영역에서도 역시 유사한 법칙이 존재할 가능성이 매우 높다고 한다. 끌어당김의 법칙은 당신이라는 존재를 구성하는 모든 원자들이 끊임없이 반응하고 따를 수밖에 없는 자연의 법칙이다." 〈끌어당김의 법칙〉

"우리가 할 일은 원하는 대상을 집중하여 생각하고 그 대상이 어떠해야 하는지 아주 명확하게 정하기만 하면 우주에서 가장 커다란 법칙인 끌어당김의 법칙이 발동된다. 당신은 가장 많이 되고 싶어 하는 존재가 되고 가장 많이 생각하는 것을 끌어당긴다. 한 가지 생각을 하고 또 하면 예를 들어 새 차를 모는 모습을 상상하고 필요한 돈이 들어오는 모습을 상상하고 삶의 반려자를 발견하는 모습을 상상한다면 또 그것이 어떤 모습일지 계속 상상한다면 그 생각에 해당하는 주파수의 파장을 계속해서 방사하는 셈이다. 원하는 대상에 생각을 집중하고 그 집중력을 유지하면 그 순간 우주에서 가장 강력한 힘으로 그 대상을 불러들이고 있는 것이다. 당신은 생각으로 삶을 만든다. 당신이 가장 많이 생각하고 집중하는 대상 바로 그것이 삶에 나타날 것이다." 〈시크릿〉

"사고의 힘을 전기와 연결시켜 생각하고 싶어 하며 방사나 진동의 현상 같은 것이 아닐까 하고 비유하게 된다. 이와 같은 비교가 비록 사고 작용을 충분히 설명해주는 것은 아니지만 적어도 그것을 쉽게 이해하도록 도움을 줄 수는 있을 것이다. 실제로 과학자들은 인간의 뇌에서 나오는 진동을 기록하는 기계를 만들어 지금까지 정신건강을 측정하는데 주로 써 왔다." 〈신념의 마력〉

"인간의 정신은 사물을 변화시키기 위해 자신의 힘을 끌어 모을 수 있을까. 연구자들은 주사위를 던지는 사람이 자기 생각을 통해 주사위에 영향을 줄 수 있다는 것을 발견했다. 뇌는 사물을 움직일 수 있는 힘이 있다. 뇌의 능력을 사용하여 사물을 이동시키는 것을 배울 수 있다. 산을 움직이는 것은 불가능하지만 뇌파를 활용하여 적어도 컴퓨터 스크린의 커서를 움직이게 할 수 있다. 연구자들은 50명의 피험자 머리에 전극을 부착한 뒤 그들에게 비디오 스크린에 집중하여 커서를 한 쪽 끝에서 다른 쪽 끝으로 이동시킬 것을 지시하였다. 뇌에서 오는 희미한 전기적 신호를 전극으로 포착한 뒤 이 신호들을 확장하여 컴퓨터로 송출하고 이후 커서를 움직이도록 하는 것이다. 피험자 중 일부는 목표의 75%를 달성하기도 했다." 〈뇌의 기막힌 발견〉

"우리의 마음은 자석과도 같다. 행복한 사람은 다른 행복한 사람을 끌어당긴다. 긍정적으로 생각하는 사람은 많은 기회를 끌어당긴다. 생각은 보이지 않지만 전기나 중력처럼 분명 실재한다. 아플까봐 오래도록 걱정하면 반드시 아프다." 〈지금 행복하라〉

"잠재의식에 조각했거나 새긴 것은 어떤 생각이든, 신념이든, 의견이든, 교리든, 그것을 당신은 환경·상태·사건 등과 같이 객관적인 현실로서 체험하게 된다. 잠재의식 속에는 어떤 문제라도 해결하는 열쇠가 있고, 어떤 결과라도 가져오는 원인이 숨어 있다. 잠재의식 속에는 불가사의한 치유력이 있어서 고민하는 마음을 고치고, 상처 입은 가슴을 고쳐 준다." 〈잠재의식의 힘〉

조선일보 2010. 1. 1. 신년호에는 "뇌에서 내리는 명령을 입이나 손을 거치지 않고 바로 IT기기로 전달하는 기술이 조만간 실용화될 전망이라며 쥐에 부착한 안테나에 무선신호를 보내 쥐의 뇌를 반복적으로 자극하면 무선신호를 전달받은 쥐는 그 신호를 뇌의 지시로 착각하여 그에 따라 행동하게 됐다"고 보도하였다.

위와 같은 견해들은 과학적으로 사람의 경우에 명백하게 증명된 바는 없지만 그렇다고 위 책들이 주장하는 에너지나 끌어당김의 힘을 부정하거나 그것들을 부정할 객관적 증거가 있는 것도 아니다.

에너지나 끌어당김의 힘을 주장하는 사람들이 말하는 뇌파, 생각, 믿음 등은 그 자체로 성공에 어떻게든 기여하는 정신작용인 것은 틀림없는 사실이고 그러므로 성공을 지향함에 있어 그러한 힘이나 믿음을 가질 필요는 분명 있다고 생각한다.

그러나 위 견해들이 단정하듯 목표를 명백히 하고 간절히 바라며 긍정적 생각을 갖고 행동한다 하여 결코 그것만으로 목표가 성취되는 것은 아니라고 용기있게 말해야 한다. 목표를 확정하여 밤낮없이 말하고, 적고, 외친다 하여 그것으로 그 일이 이루어지지는 않는다는 것이다.

빨간 자동차를 사기로 목표를 정하고 이를 위해 정신을 집중한다면 길거리에서 평소 잘 보이지 않던 빨간 자동차가 더 자주 보이는 것으로 느끼는 것은 사실이다.

그것은 빨간 자동차로 목표를 정하고 갈망하기 전에는 길을 가다 빨간 자동차를 보아도 무관심하게 넘어 갔지만 목표를 확실히 정한 뒤에는 빨간 자동차가 보일 때마다 그것에 관심이 꽂혀 더 자주 보인 것으로 믿게 되는 것에 연유하는 것이다.

특정의 인물을 배우자로 확실히 작정한 사람에게는 길을 가다가 유독 그런 유형의 사람을 더 자주 만나게 되는 것으로 믿는 것은 에너지, 파동, 진동, 끌어당김의 법칙으로 설명하지 않더라도 충분히 설명이 가능한 것으로서 그런 것을 두고 '잠재력의 발동' 이라 보는 것은 너무 큰 논리적 비약이다.

친구를 여럿 불러 놓고 방안에 있는 빨간색 동물인형 장난감 10개를 찾아보라고 한다. 방안에는 빨간색, 보라색, 파란색의 각각 다른 동물 인형 장난감이 각 10개씩 여기저기에 흩어져 있다. 친구를 방밖으로 나오게 한 뒤 빨간색 장난감 인형이 어떤 동물인지 적어 보라 하면 대략 8, 9개 정도는 맞힌다.

그 뒤 보라색이나 파란색 장난감 인형 동물을 적어 보라하면 3,

4개 밖에 못 맞추는 사실을 바로 확인할 수 있다. 그런 실험을 통해 알 수 있는 것은 목표가 주의를 집중하여 뇌로 하여금 정보를 수집 정리하게 한 것일뿐, 목표 때문에 잠재력이 발현된 것이 아닌 사실을 바로 알 수 있다.

'성취심리'는 잠재의식이 3가지 법칙에 따라 움직인다고 설명한다.

> *"수용의 법칙 : 잠재의식은 모든 아이디어나 생각을 아무런 의심 없이 무조건 수용한다. 빨간 스포츠카를 사고 싶은 생각이 들면 갑자기 빨간 스포츠카만 보이는 것은 잠재의식이 작용해서 바라는 것을 이루어내는 데 도움이 될 만한 것에 우리의 주의를 끌어들이기 때문이다.*
>
> *집중의 법칙 : 무엇이든지 생각할수록 커진다. 이 법칙은 또 생각하는 것과 다른 결과는 얻을 수 없다는 것이기도 하다.*
>
> *대체의 법칙 : 의식은 한 번에 한 가지 생각 밖에 담아둘 수 없기 때문에 생각을 바꾸려면 다른 생각으로 대체해야 한다."*

사람은 누구나 엄청난 힘을 가진 잠재력의 주인공이다. 그것을 얼마만큼 꺼내어 쓰느냐, 무슨 목표를 위해 사용하느냐에 따라 상상할 수 없을 만큼 빨리 또 큰 목표를 누구나 성취할 수 있음은 이제 명백한 진리로 우리 앞에 다가와 있다.

괴테는 말한다.

"인간을 보이는 대로 대접하면 결국 그보다 못한 사람을 만들지

만 잠재력대로 대접하면 큰 사람이 된다."고

사람들은 매일 정신적인 일을 하면서 불행하게도 그 정신이라는 강력한 컴퓨터를 원시적인 일에만 사용하고 있다. 잠재력을 온전히 발휘하기 위해서는 몸과 마음을 다하여 자신이 세운 목표의 성공에 불나비같이 뛰어드는 것, 자신의 모든 것을 아낌없이 던져야 한다.

뇌는 본능적으로 자위력, 자생력이 있어 생존을 위해 필요한 경우에는 잠재력을 꺼내 쓰도록 작동한다. 강도를 만났거나 불이 났을 때 엄청난 괴력을 발휘하여 대처했다는 이야기를 우리도 많이 들었다. 우리 몸이 생존을 위해 몸부림 칠 때와 같은 열정만 가진다면 우리는 언제나 잠재력의 크나큰 힘을 빌려 더 크고 많은 성공을 할 수 있다.

"한계라는 말은 실패를 무마시키기 위한 변명일 뿐이다. 한계는 언제나 사람으로 하여금 '경험'에 지나치게 의존하도록 만들며 마치 그림자처럼 따라다니고 암살자처럼 우리의 의지를 죽여 힘을 못 쓰게 한다." 〈무지개 원리〉

"당신은 영적인 존재다. 더 큰 에너지 장에서 움직이는 에너지장이다. 당신은 에너지고, 에너지는 창조되거나 파괴될 수 없다. 그저 형태를 바꿀 뿐이다. 우리는 자신의 운명뿐 아니라 궁극적으로 우주의 운명을 결정하는 창조자다. 그러므로 인간의 잠재력에는 진정 한계란 없다." 〈시크릿〉

사람들은 자신이 갖고 있는 잠재력을 끌어내어 쓰는데 한심할 정도로 주저한다. 편하게 살겠다는 생각만으로 스스로 한계 목표를 정하고는 삶의 주인이 되는 길에서 뒷전에 비껴 서있고 싶어 한다.

  "내가 나를 잘 안다. 그러므로 나는 이 정도 밖에 안 된다"며 자신의 무기력, 무능력을 스스로에게 고해성사 하고 그대로 주저 앉아 버리는 사람이 의외로 많다.

  사람이 평생 사용하는 잠재력은 겨우 10퍼센트도 안 된다고 한다. 20세기의 최대의 천재라는 아인슈타인도 자기 잠재력의 15퍼센트 밖에 사용하지 않았다고 말하지 않는가.

  우리는 겨우 반쯤만 깨어 있는지 모른다. 우리의 불은 꺼져 있으며 우리의 그림은 미완성으로 남아 있다. 우리가 가지고 있는 정서적·육체적 자원의 지극히 일부만을 사용하고 생을 마감하는지 모른다.

  무궁무진한 마음의 비밀 창고 안에 들어있지 않은 능력이나 힘은 없다. 사람은 누구나 보물이 가득 찬 훌륭한 창고를 가지고 그 창고 안에서 무엇을 어떻게 끄집어내어 쓸 것인가는 오로지 자신이 선택하기에 달려있다.

  사람은 누구나 위대한 자신의 능력덩어리 보물창고를 관리하는 힘있는 실세 사장이다. 위대한 사람이란 다른 사람이 갖지 못한 특별한 능력을 가진 사람이 아니라 단지 자신이 가진 가장 위대한 능력을 찾아내고 그 능력을 이용하여 자신을 위대하게 만드는데 장애가 되는 모든 것들을 제거해 버리는 기술자라고 할 수 있다.

인간은 자연의 그 어떤 유기체보다 폭 넓은 창조적 메커니즘을 부여받았고 인간의 적응능력에 한계가 없다는 사실을 과학자들이 밝혀냈다. 자신의 진정한 가치를 알고 진짜 자신의 힘을 믿는 사람은 못해낼 것이 없고 삶에서의 경험 모두를 마음껏 즐길 수 있다.

"내가 나를 포기하고 내 인생을 버리면 내 인생은 바로 망가진다. 형편없다는 말을 듣기 싫어한 사람이 결국 대단한 성공을 이루어 낸 사람이 되었다. 우리 모두는 세상에 처음 도착한 사람들이다. 나의 삶은 이전에도 없었고 이후에도 없었던 단 하나의 유일무이한 나만의 진품 보석을 찾는 길이다. 당신만의 가치를 깨닫고 당신만의 목표를 세우며 오직 당신만이 세상을 위해 할 수 있는 일로 기여하지 않는다면, 당신은 가지고 있는 금강석을 쓰레기통에 버리는 어리석은 사람이 된다." 〈인생수업〉

능력이란 마음의 어떤 상태다. 얼마만큼 성공 할 수 있느냐는 것은 스스로 얼마만큼 성공 할 수 있다고 생각하느냐에 달려 있다.
아직까지 드러내지 못한 자신의 무한한 잠재력을 찾아내지 않고, 찾아 낼 노력도 하지 않은 채 자신이 무능하다고, 나는 이 정도의 능력밖에 없다고 자책하며 살아가는 사람보다 더 불쌍하고 딱한 사람이 또 있을까.
실제로 당신은 특별하고 굉장한 일을 해낼 수 있는 능력을 가진 굉장한 사람이다. 내 안에 숨어있는 잠재력은 언제나 활용되기만을 학수고대하고 있으므로 내가 원하는 그 어떤 것도 잠재력을 끌어내기만 하면 성공할 수 있음을 확실히 믿어야 한다.

재능은 원래부터 당신에게 있었고 그저 당신은 그것을 알면서도 활용하는 방법만 몰랐을 뿐이다.

누구나 어느 한 분야에서는 남보다 뛰어난 천재성을 갖고 있는 사실이 학자들에 의해 공인되고 있는 추세다. 그런데 자신의 어떤 천재성을 모르고 믿지 않음으로서 그 천재성이 감춰진 채 열등감에 사로잡혀 살아가는 사람은 불행하다.

그러므로 우리는 자신이나, 자식들이나, 주위의 모든 인간관계를 맺는 사람들에게서 하워드 가드너 박사의 다중지능이론이 말하는 8가지 종류의 "언어지능, 음악지능, 논리수학지능, 공간지능, 신체운동지능, 인간친화지능, 자기성찰지능, 자연친화지능" 중 어느 것을 갖고 있는지, 그 지능 중 당신은 얼마나 높은 지능을 가졌는지 깊이 있게 관찰해 볼 일이다. 성공자는 '다중지능' 가운데 자신이 갖고 있는 특별한 어느 하나의 강점을 계발한 사람들이라고 할 수 있다. 자기 속에 멋진 악보를 가지고 있으면서 그 멜로디를 한 번도 연주하지 않고 매장시키거나 임종에 가까워서야 비로소 발견하고 후회하는 것은 참으로 안타까운 일이다.

자신의 무한한 잠재력과 무한한 가능성을 보는 사람은 자신의 미래를 보는 사람이다. 스스로 자신을 능력의 한계에 가두는 생각을 과감히 버리고 한계 없는 잠재력을 자신이 갖고 있음을 확신하는 순간 모든 분야에서 불가능이 가능으로 바뀌는 모습을 볼 수 있다.

앞에서 말했듯이 장애인들이 해낸 성공은 원래 그들이 가지고 있던 잠재력을 장애를 겪은 뒤 스스로의 힘든 연습을 통해 찾아 계발한 것이요 성공한 정상인도 실패한 정상인과는 달리 그들의 잠재력을 믿고 계발한 사람일 뿐 특별한 다른 능력을 가졌거나 기적을 이루어낸 사람은 아니다. 삶이란 고난, 장애, 불공평, 거부, 좌절, 불운의 끊임없는 연속일 수 있지만 그 것이 꿈을 가로막을 만큼 큰 힘을 가진 치명적인 장애물은 아니다.

뇌는 생존을 위한 일을 바로 처리할 수 있을 뿐 아니라 미래를 예언하고 그것에 따라 행동할 능력도 갖고 있다.

사람은 스스로의 생리적 프로세스에 영향을 미치는 참으로 놀라운 능력을 가지고 있다. 잠재력의 무한성을 믿고 성공에 한치의 의심 없이 목표를 향해 나아가는 사람은 성공한다.

그런데 잠재력에 진짜 아무런 한계가 없다고 할 것인가. 한계가 있다고 할 수도 있고, 없다고 할 수도 있다.

잠재력에 한계가 있다고 하면 수많은 어려움 앞에서 어찌할 바를 모르고 쩔쩔매는 경우가 있을 수 있고, 더 큰 야망을 가질 수 없거나 야망을 크게 키우지 못하여 많은 것을 얻지 못할 수 있다.

더 많은 것을 구하고, 더 높은 곳을 겨냥하며, 스스로 더 위대한 일을 해낼 것으로 믿으며 절대로 잠재력의 한계는 없다고 단언하고 믿을 수 있다면 그것은 우리가 바라는 최상이다.

현재 100m 달리기 세계기록은 우사인 볼트의 9.58초, 마라톤의 세계기록은 2시간 3분대다. 출중한 단거리 선수와 마라톤 선수가 100m 기록을 9초 0으로, 마라톤 기록을 1시간대로 각기 목표를 정하고 자신의 잠재력이 이를 이룰 수 있다고 확신하여도 가까운 장래에 그 확신이 성공할 가능성은 없어 보인다.

그러니 잠재력에도 분명 한계가 있는 것이라 해서 틀린 말이 아니다. 그런데 위의 확신이 이루어지지 않는 것은 잠재력과 성공을 확신한다 하면서도 지금은 안 된다는 그 확신에 의심이 끼어들기 때문이라고 말할 수 있고 그러나 앞으로 운동기구의 발전과 더불어 과학적인 반복훈련과 반복성공으로 기록갱신은 계속 될 것이고 따라서 머지 않는 장래에 그 목표가 달성될 수 있는 것도 사실이다. 그러나 한 가지 확실하게 말할 수 있는 것은 당신이 생각하는 것보다 당신이 갖고 있는 잠재력은 수십 배 수백 배 더 크고 많다는 사실이다.

아무리 큰 잠재력을 갖고 있다고 믿어도 믿는 그것만으로 모든 성공이 이루어지는 것은 결코 아니다. 잠재력은 정적(靜的)이고 추상적인 상태의 능력 덩어리로서 목표로 만들고 확신을 가진 실천행위가 잠재력을 흔들어 깨우지 아니하면 아무것도 성공해내지 못한다. 성공습관은 정적인 잠재력에 방향과 목적, 구체화를 위한 동기를 부여한다. 잠재력이 우물 안의 물, 해저나 지하에 매장된 석유라고 하면, 성공 습관은 물이나 석유를 퍼올리려는 의지, 계발 의지라 할 수 있다.

여기서 한 가지 덧붙이고 싶은 것은 능력이나 능력계발에 있어 우리는 상식에 따라 너무 과학적으로 생각한다는 것이다. 무엇을 믿으려면 필연적이고 확실한 증거가 있어야 한다는 사고방식 말이다. 과학과 과학적인 방법론은 지난 몇 세기에 걸쳐 우리의 사고를 지배해온 매우 강력하고 실용적인 지식 추구수단이었다.

그러나 과학이나 과학적 방법론은 무언가를 이해하려면 반드시 감정을 배제한 관점에서 연구하고 결론을 도출해 내어야 한다는 개념이다.

과학은 주로 무생물을 다루며, 비록 정신적인 것을 포함한다 하더라도 그것이 문제 해결에서는 사소하게 취급되고 있다.

그러므로 과학적 방법은 사람을 비롯해 정신적이고 정서적 반응을 보이는 생명체를 다루는 데 있어서 반드시 적합하지는 않다고 해야 한다.

오늘날 새로운 형태의 지식을 탐구함에 있어서는 모든 사회적 문제 가운데 사람의 내면으로부터 나오는 정서나 감정 등 객관적으로 계측할 수 없는 것들이 무엇보다 중시되고 있음에 유의할 일이다.

▶이 단원의 교훈

담배를 끊기로 하거나, 새로 운동을 시작하기 전에 자유의지로 결단을 해야한다. 결단만으로 그대로 행동하는 것이 참자유인이다.

자신의 자유의지와 결단으로 100% 효과가 없으면 먼저 하루에 3가지 정도 지금까지 자신이 해 온 행동과 다른 행동을 하기로 한다.

말씨를 바꾸거나, 20분 일찍 일어나기, 매일 아침 10분 걷기, 아침식사 전에 냉수 1컵 마시기 등등, 쉽게 실천할 수 있고 종전과 다른 것이며 성공여부를 확실히 확인할 수 있는 것으로 3가지 일을 5일 동안 반드시 실천하여야 하고 만일 하루라도 어기면 처음부터 다시 한다.

그 일을 5일간 성취하였다면 또 다시 5일간 실천할 3개의 좀 더 높은 새로운 변화를 시작한다. 10일 후 6개의 새로운 변화가 성취되었고 또 다시 3개의 실천사항을 추가한다. 그렇게 15일 동안 9개의 변화를 자신의 의지로 성취해냈다면 당신 스스로 변화를 이룬 자신의 능력과 성공에 대한 믿음을 갖게 된다.

그런뒤 배우자, 자식, 친구 등 당신이 가장 사랑하고 당신에게 관심을 가진 사람에게 당신의 금연이나 운동을 한다는 결단을 공표한다.

결과는 100% 성공이다. 그 성공은 자유의지가 선택한 본래부터 당신이 가지고 있던 능력을 재확인한 '나는 할 수 있다'는 믿음이 성취한 너무나 중요한 가치다.

5. 전두엽에 미래기억을 새기자

일요일 오후 공부를 하던 석준이 연석에게 인왕산으로 등산을 가자고 졸라 경서와 함께 산으로 올라갔다.

산에 오르니 늦가을 바람이 서늘하다.

연석은 넓적한 바위에 걸터앉아 한가한 시간을 보내면서 아이들에게 참으로 오묘한 뇌의 기능에 보태어 사람의 장래를 위해 대단히 소중하고 오로지 인간만이 가지고 있는 전두엽에 대하여 설명을 한다.

전두엽은 목표를 확인하고, 계획하며, 그 계획이 완수될 수 있는 수단을 강구하고, 모든 행동이 계획대로 추진되고 기대하는 결과가 나왔는지까지 판단한다.

그러니 전두엽은 뇌의 지도자로서 새로운 계획이나 목표, 모험 등 사람이 앞으로 살아나갈 일을 기획하고 성공하게 하는 미래에 우리가 하려는 모든 일에 관한 중요한 역할을 하는 뇌의 핵심 기관이다.

"1985년 스위스의 정신과의사인 데이비드 잉그바르는 '미래기억' 이라는 말을 처음으로 썼다. 인간은 반응적이라기보다는 능동적이다. 우리는 미래의 비전인 목표를 세울 수 있고 다음에는 목표에 따라 행동한다. 행동을 일관된 방식으로 이끌기 위해서는 '미래에 대한 이러한 정신적 영상'이 기억내용으로 변해야 하며 따라서 미래기억이 형성되는 것이다."〈내안의 CEO 전두엽〉

"뇌 의학계와 물리학계가 발견한 사실에 따르면 우리의 무의식은 우리의 미래를 알고 있고 그 미래를 기억으로 전환시켜 전두엽에 저장해 두고 있다. 성공의 열망은 전두엽이 미래 기억을 통해 이미 성공한 자신의 모습을 보았기 때문에 생겨난다. 즉 미래의 어느 시점에 반드시 성공해 있는 사람만이 지금 성공의 꿈을 갖는다."〈꿈꾸는 다락방〉

과학자들은 전두엽이 뇌의 지휘자로서 기업의 CEO역할같이 뇌의 모든 구조를 통합·관리하고 협동하게 함으로써 뇌의 모든 활동을 이끌어 사람의 행동을 통제, 지배한다고 한다.

사람이 목표 지향적인 것은 미래를 담당하는 전두엽의 기능에 의존하는 바가 크다. 전두엽은 사람의 목표설정을 위한 동기부여나 미래를 위한 분명한 목표설정 자체에 관여할 뿐 아니라 그 목표를 달성하기 위해 실천행위를 정밀하게 평가하는 능력까지도 담당한다. 전두엽은 사람이 앞으로 해야 할 모든 성공적 실천과정에 안내자로서의 역할을 한다.

전두엽의 미래 기억 담당 부위가 강력히 활성화되면 뇌는 꿈의 전기신호를 무의식 세계를 향하여 자극적으로 계속 강하게 쏘아댄다. 그러므로 전두엽은 사람의 성공추구를 위한 예측과 계획수립 능력을 가질뿐 아니라 직감적으로 계획한 목표달성을 위해 필요한 문제의 해결능력도 가지고 있다.

"정신적 유연성, 새로운 시선으로 사물을 보는 능력, 창조성, 그리고 독창성 등은 모두 전두엽에 의존한다. 눈앞에 닥친 문제를 해결하는 데 필요한 정보를 전두엽에서 선택하기 때문에 전두엽은 뇌의 어디에 그런 정보가 저장되어 있는지를 알아야 한다. 어느 문제를 해결하는 여러 단계가 여러 형태의 정보를 필요로 할 수 있기 때문에 전두엽은 일정하고 신속하게 새로운 잠재기억을 온라인으로 가져와야 하며, 이때 낡은 것은 남겨 두어야 한다. 의지의 통제는 의식적인 자각 그 이상의 의미를 함축하고 개인행동의 결과를 예측할 수 있는 능력, 과연 이러한 행동을 취해야 하는지 여부를 결정하는 능력, 그리고 행동을 실행할 것인지 말 것인지 둘 중에 하나를 선택하는 능력을 의미한다." 〈내 안의 CEO 전두엽〉

"전두엽은 기억력과 사고력을 관장하고 행동이나 감정을 제어하며 타인과의 원만한 관계를 맺는 능력을 담당하는 곳이다. 공부를 잘하는 아이는 전두엽이 그렇지 못한 아이보다 더 활성화 되어 있다. 뇌가 활성화되었다는 건 그만큼 뇌를 많이 사용했다는 얘기다." 〈스펀지 2.0 공부잘하는 법〉

위의 설명에 따르면 전두엽이 손상되면 목표를 세우는 일, 목표 지향 행동을 하는 일에 장애가 생기고 전두엽이 그 기능을 다하지 못하면 마음과 인격 등 모든 것이 제자리를 잃고 장래를 예측하고 미래를 설계할 수 없게 되므로 사람은 본능적인 목표 지향적인 행동을 할 수 없게 된다.

잠자고 일어나며 의식주를 해결하는 모든 일상에서 삶은 목표를 세우고 그 목표를 이루어 가는 과정의 집합체인데 전두엽의 기능 장애로 목표지향적 행동을 할 수 없게 된다면 결과적으로 사람은 일상생활 자체를 할 수 없게 된다.

원래 사람은 과거를 향하기보다는 앞을 내다보는 미래지향적인 존재인데 이러한 목적을 위한 목표, 계획, 소망, 욕망, 꿈 등, 과거가 아닌 미래와 관계된 모든 것들에 직접 기여하는 조직이 전두엽이다. 전두엽은 우리를 과거에서 해방시켜 미래로 향하는 유기체로 만드는 뇌의 핵심조직으로서 전두엽이 활성화되어 있는 사람은 잠시도 가만히 있지 못하고 열정적으로 미래를 설계하고 그 집행에 나설 수밖에 없다.

위와 같은 전두엽의 기능을 종합해 볼때 우리들이 전두엽에 확실한 미래기억을 만들기만 하면 전두엽은 잠재력을 총동원하여 가장 빠른 길, 가장 능률적이고 효과적인 방법으로 그가 갖고 있는 미래기억이 성공되도록 안내한다는 결론을 낼 수 있다.

미래기억을 가진 사람의 성공과정은 수 천 미터 지하 갱도에서 이마에 켜 놓은 전등 빛으로 안내받으며 금강석을 캐는 광부요, 처음 가보는 밤길을 비춰주는 손전등 불빛을 따라가는 여행가이고 미래기억이 없는 사람은 방향표시도, 안내 불빛도 없이 지하갱도나 낯선 밤길을 헤매는 인생이라고 말할 수 있다.

그렇지만 전두엽에 미래기억 기능이 있다고 해도 그 미래기억이 희미하고 도무지 꿈꾼 것 같아서는 "미래기억의 힘"이 제대로 발휘될 리 없다.

흔들림 없는 확실한 미래기억을 만들 수 있는 가장 확실한 방법은 무엇일까. 그 유일한 방법은 "성공습관으로 새롭게 큰 목표를 세우고 그 성공을 확신하는 것"이라고 말할 수 있다.

성공신경회로에서 설명하였듯이 작은 성공이라도 성공을 계속함으로써 굵은 성공 신경회로가 만들어지면 우선 과거의 낡은 정보가 아닌 새 성공습관에 따른 새롭고 원대한 장기목표를 만들 수 있고 그 성공습관은 성공불패란 믿음의 확실한 근거가 되며 시각화로 성취의 확신을 더욱 강화시킬 때 전두엽에는 확고부동한 미래기억이 생긴다.

거기다 효과적인 실천지혜인 단시간 내 다수반복의 훈련·연습을 보탠다면 전두엽의 미래기억은 한 치의 오차 없이 모두 성공의 결과를 갖다 준다.

전두엽의 미래기억은 최종적 성공목표만 기억하는 것이 아니다. 안내지도나 자동차 네비게이션 처럼 최종목적지와 함께 그 과정이나 방법, 중간목표까지도 미래기억에는 모두 상세하게 담겨 있다. 그러므로 미래기억은 확정된 목표, 근거를 가진 확신,

성취를 위한 열정이나 집중 같은 실천행위까지 일체로 융합되어 있는 보물이다.

확정적 목표와 성취확신 및 성취를 위한 효과적 행동 요령들은 성공을 위해 각각 따로 떼어져 분리되어 있는 것이 아니라 성공습관의 굳건한 반석 위에 화학적으로 혼융되어 하나의 성공미래기억 상태로 저장한다. 그것들은 동전의 양면이요, 서로 불가분적인 운명체로 존속하면서 오로지 뇌의 명령에 따라 성공을 위해서만 작동된다.

성공이 모이고 쌓이면 성공행동은 자동화되고 필연적으로 성공의 열매로 나타나는데 그 뿌리요, 근원이며, 포괄적인 핵심요소가 성공습관인 것이다.

성공습관자가 더 크게 만들어낸 목표와 성공 확신 및 그에 따른 성공적 실천의지는 미래기억의 최대 수확으로서 사람은 그의 안내에 따라 성공인생으로 살아간다.

목표란 마음에서 되고자, 이루고자 하는 그 무엇이다. 믿음은 긍정적으로 잘 되리라는 마음의 상태이다. 믿음의 반대말은 두려움, 걱정, 의심으로서 긍정적 결과가 나타나지 않을 것이라며 온전한 믿음의 마음상태를 파괴한다.

목표나 믿음은 모두 마음의 움직임이고 상태이므로 마음을 잘 다스림으로서 원하는 목표와 믿음도 잘 만들수 있다. 두려움, 걱정, 의심은 실패자의 마음으로서 실패한 과거, 실패한 경험은 있으되 성공의 감정을 자주 맛보지 못한 사람들이 갖는 것이다.

누구나 갖고 있는 일반적인 목표나 믿음도 어느 정도는 목표를 향한 관심을 갖게 하고 성취의지를 집중하게 하는 점에서 성공에 기여한다.

걱정스러운 것은 위와 같은 일반적인 목표나 믿음은 대개 자신의 과거나 경험에 따라 스스로 자신이 제한한 능력 범위 안에서 만들어진 것이 보통이고 그러므로 그 목표는 잠재력에 비하여 너무 작을 수 밖에 없고 그 목표에 대한 믿음 또한 두려움이나 의심 같은 불순물이 어느 정도 혼입된 상태여서, 뇌가 믿는다 믿는다 하면서도 성공확신을 하지 못함으로 인하여 성취 또한 약할 수 밖에 없다는 것이다.

성공을 계속하여 성공습관자가 되면 일찍 찾지 못했던 크나큰 잠재력이 발동되어 흥분되는 큰 목표를 세우고 그런 큰 목표도 반드시 성공할 수 있다는 확신이 만들어져서 미래기억은 확고부동한 상태로 되고 뇌는 흔들림없이 신체조직에게 자동적으로 성공행위를 하도록 지시한다.

목표와 믿음, 실천행위들이 일체가 되어 자신의 강력한 미래기억으로 자리 잡도록 옆에서 도와주는 윤활유 같은 역할을 하는 것이 시각화이다.

시각화되는 확정된 목표를 오감으로 반복하여 맞닥뜨리고 상기케함으로서 목표를 향한 불같은 열정이 생겨나게 하고 목표성공을 위한 실천행위의 출발점에서부터 이미 성공한 자신의 모습을 보게 함으로써 완벽 성공, 불패 신념을 강화하며 미래기억이 지시하는 대로 가장 좋은 성공의 지름길로 안내한다.

♣ 중·고·대학의 수석 졸업상장·수석 입학상장,
  부모님 앞에서 사법시험에 이미 합격했다고 만든 보물지도

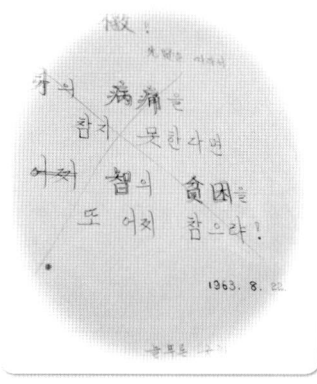

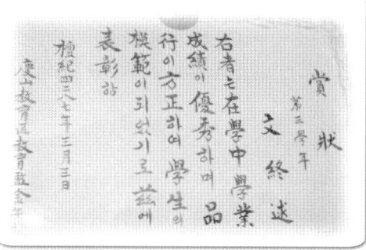

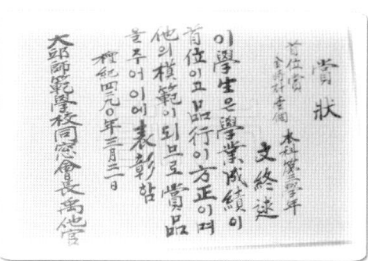

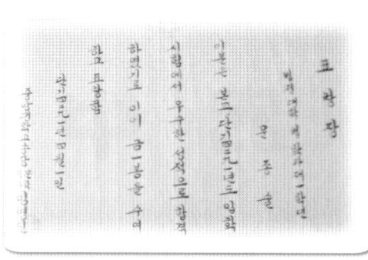

6. 목 표

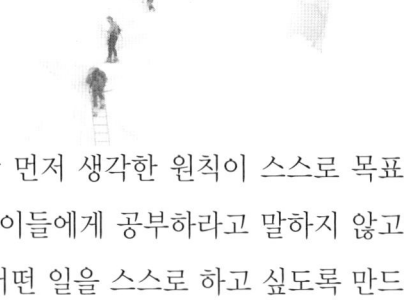

　연석이 아이들을 맡으면서 가장 먼저 생각한 원칙이 스스로 목표를 정하고 성공하기였다. 우선 아이들에게 공부하라고 말하지 않고 아이들이 스스로 따라오게 하며 어떤 일을 스스로 하고 싶도록 만드는 것이 연석의 처음 2개월간의 목표였다. 그래서 2개월 동안은 공부라는 말은 입에서 단 한 번도 꺼내지 않았다.

　아이들은 등산을 같이 가거나, 성공일기를 쓰는 일이 연석의 목표인 줄은 몰랐다. 연석은 작은 일, 매일의 할 일을 목표라는 의식 없이 아이들에게 일상적인 일로 심어주었는데 몇 달 만에 아이들은 자신이 하고 있는 일이 목표를 세우고 그 목표를 달성하는 성공행동의 실천임을 알게 된 것이다.

　연석은 아이들의 성공을 거듭 축하하고 격려하면서 지난번에 설명한 전두엽에 미래기억을 더욱 확실히 하는 방법을 설명한다.

　거듭 말하지만 전두엽이 미래기억을 가지고 그 미래기억의 성취를 위해 모든 역량을 모으지만 전두엽의 미래기억을 뚜렷하게 하기 위해서는 우선 확정적인 목표가 있어야 하고 자신이 그 목표를 성공할 능력(잠재력)이 있음과, 목표 성공을 미리 보고 느낄 수 있는 마음상태〈성공습관에 따른 확신〉가 되어 있어야 한다.

막연한 생각이나 희망만으로는 결코 전두엽에 확고한 미래기억을 만들수 없다.

그러므로 확실한 목표설정, 잠재력과 성공의 확신이 성공적 미래기억을 만드는 필수 요소인 것이다. 그런 상태만 되면 전두엽의 미래기억은 너무나 확고부동하여 전두엽의 지휘·안내에 따른 열정과 집중이란 효과적 실행행위를 통해 100% 성공한다. 목표설정이나 믿음의 단계, 실행행위에 대한 모든 책임은 오로지 스스로 져야 한다.

너희들은 3월 5일부터 등산을 가고 성공일기를 쓰고 성공습관을 들이기 위해 8개월 이상 목표를 정하고 그 목표들을 모두 성공하였다.

너희들이 세운 모든 목표를 성공함으로서 자신이 세운 목표는 무엇이나 이룰 수 있다는 자신감이 생겼고 또 다른 목표를 정하고 그것을 이룰 힘도 얻게 되었다.

> 사람을 생각의 동물이라 하는 것은 사람은 행동하기 전에 생각을 한다는 것이고 그 생각하는 것이 목표에 대한 것이다. 그러므로 사람은 하루에 수 백 가지 행동을 함에 있어 먼저 생각으로 자신이 행동할 수 백 가지 목표를 정한다. 사람은 동물보다 더 명백한 행동지향성을 갖고 있고 너희들이 직접 확인 했듯이 사람은 행동하기 전에 생각한 모든 목표를 대부분 성공하며 살고 있다.

사람이 살아가는 일상에 선행되는 일반적인 목표들은 우리가 의식하든 못하든 우리 안의 성공습관이 만든 신경회로가 자동적으로 성공하도록 처리하고 있다.

그런 일상외에 우리가 꼭 이루겠다고 의식적으로 정한 중요하고 가치있는 목표의 성취에 있어서 성공습관은 그 무엇보다 유용하고 가치 있는 기능을 한다.

"서커스단에서 훈련받은 동물은 동물원에서 그냥 사육되는 동물보다 평균적으로 더 오래 산다. 훌륭한 사명에 봉사하면서 자신이 더 이상 쓸모없는 존재가 아니라는 느낌을 받는 것이다. 정신의학적 견지에서 사람의 나이가 얼마인지는 중요하지 않다. 중요한 것은 그 사람이 스스로를 헌신할 무언가를 노령에도 불구하고 예나 지금이나 가치 있고 살만한 삶을 이룰 수 있는, 다른 말로 내적으로 자아를 채울 수 있는 무언가로 시간과 의식을 채울 수 있느냐 하는 것이다." 〈심리의 발견〉

삶에서 가장 일반적인 활력소가 목표이고, 좋은 업무성과는 명확한 목표에서 출발한다. 의욕이 없다, 힘이 안 난다, 일이 잘 되지 않는다와 같은 부정적인 말을 하는 사람들은 하나같이 목표가 없거나 목표가 있어도 명확하지 않다. 마음속에서 결심하여 만든 가치 있는 목표가 있다면 누구나 당장의 불편이나 조급한 마음쯤은 얼마든지 억누를 수 있다.

"계획을 세운다는 것은 도로지도를 보는 것과 같다. 그 속에는 정확한 길과 올바른 방향이 표시되어 있어 어느 쪽으로 가야 할지가 그려져 있다. 지도가 있을 때 우리는 현재의 위치를 알 수 있고 원하는 곳까지 가장 좋은 길을 이용해 갈 수 있다. 계획은 꿈과 목표를 연결하기 위해 건설한 다리다. 과녁은 미래에 가 있으나 화살은 현재에서 출발한다. 지금 제대로 된 과녁을 정하지 않는다면, 화살이 날아가 꽂히는 곳은 바라던 곳과는 전혀 다른 장소일 것이다."〈행복의 비밀〉

삶에서의 모든 행동에서 목표가 없는 것은 없겠지만 같은 목표라도 진짜 간절히 바라는 게 아니면 그것을 달성해도 큰 의미가 없다. 패배에 익숙한 실패자에게는 목표를 높게 잡는 것 자체가 위험한 일이고 모험을 해 봤자 성공하지 못할 것이다.

"그냥 미치면 바보가 되지만 꿈에 미치면 신화가 된다. 간절한 꿈을 가진 사람들은 사랑에 빠진 것처럼 얼굴에서 늘 빛이 난다. 꿈을 가진 사람은 모든 것을 할 수 있다. 그는 생명력이 가득한 뜨거운 가슴으로 살아있다. 그는 늙지 않으며 언제나 열정적이다. 꿈이 있기에 더 유능하고 더 멋진 사람으로 살아간다."〈가슴 뛰는 삶〉

가치 있는 목표가 있고 그 성취를 위해 즐겁게 열심히 일할 때가 진짜 행복한 시간이다. 운동경기를 보더라도 어느 한 팀이 이기기를 간절히 바라는 목표가 정해져 있으면서 보면 그렇지 않은 경우보다는 훨씬 더 재미있게 경기를 볼 수 있다.

"우리 내부에 있는 창조적인 메커니즘은 인격을 갖고 있지 않다. 그것은 성공과 행복 또는 불행과 실패 등 우리가 설정한 삶의 목표에 따라 자동적이고 비인격적으로 작동한다. 우리가 성공 목표를 설정하면 스스로 성공 메커니즘이 작동하고, 부정적인 목표를 설정한다면 실패 메커니즘이 작동한다. 내부에 있는 창조적인 유도 메커니즘은 일종의 목표 추적 메커니즘이며, 그것을 잘 사용하려면 무엇보다도 분명한 목표나 대상을 설정해야 한다. 자전거는 오직 앞으로 나아갈 때만 균형과 평형을 유지할 수 있다."〈성공의 법칙〉

뇌는 무슨 일을 하든 분명한 목표성취를 위해 행동하고 있을 때가 가장 즐겁다. 사람의 목표지향 행동에서 몰입도를 올리는 데 빼놓을 수 없는 요소는 뚜렷한 목표와 성취동기다.

진정한 청춘이란 젊은 육체 안에 있는 것이 아니라 용기 있는 정신 안에 있으며 용기 없는 정신 속에는 청춘이 존재하지 않는다.

이성을 가진 인간이기에 살면서 미래를 생각하지 않을 수 없고, 미래를 더 넓고 깊게 볼수록 미래를 개선할 능력도 커진다. 장기적인 목표를 확실히 세워 놓으면 앞으로 다가오는 위험까지 피할 수 있다.

성공한 사람은 분명한 목표를 세우고 목표를 성취하기 위한 시간표까지 만들며 이를 성취하기 위해 열정적으로 달려든다. 인생에서 가치 있는 목표를 만들고 그 목표가 반드시 이루어진다고 믿으면 힘이 나서 누구든 그냥 앉아 있지 못한다. 성공습관에 바탕을 둔 목표는 자신의 잠재의식을 가장 간단하고 효율적으로 프로그램 시켜주는 표적이다.

가치 있는 목표는 스스로의 한계를 뛰어넘어 자신을 무한능력의 세계로 들어서게 만들고 명확한 목표를 가지고 그 목표에 완전히 몰입할 때 정신적으로나 신체적으로 누구도 저지할 수 없는 엄청난 힘이 생겨 끝내는 그 일을 성취하게 된다.

오늘날 중·고등학생이나 대학생이 인생에서 명확한 목표를 정하지 못하고 그냥 학교생활을 하고 있는 현실은 그들 자신이나 나라를 위해 너무 슬픈 일이다.

막연한 꿈과 희망을 마음속에 묻어둔다면 그것은 언제까지라도 성취될 리 없다. 그것을 환한 햇빛 아래, 그리고 선명한 글씨로 써서 눈 앞에 들어낼 때 비로소 구체적인 목표로 바뀌어 성공이란 열매를 딸 수 있다. 분명한 목표를 가진 사람은 목표달성과정에서의 고통을 피하기보다 최우선적으로 목표달성에 대한 즐거움을 얻는 데 집중하여 그 실천과정에서도 최선을 다한다.

"하버드 대학에서 조사한 목표에 관련된 자료에는 *27%*의 사람은 목표가 없고, *60%*는 목표가 희미하며 *10%*는 목표가 있지만 비교적 단기적이라고 되어 있다. 단지 3%만이 명확하면서도 장기적인 목표를 갖고 있었다. 명확하고 장기적인 목표를 가진 3%의 사람은 25년 후에 사회각계에서 최고의 인사가 되었다. 10%의 단기적인 목표를 지녔던 사람들은 대부분 사회의 중상위 층에, 목표가 희미했던 60%는 대부분 사회의 중하위층에, 27%의 목표가 없던 사람들은 모두 최하위 수준의 생활을 하고 있었다. 재학생을 대상으로 한 조사에서도 84%의 학생은 명확한 목적·목표가 없었고, 13%의 학생은 목적·목표가 있지만 특별히 기록해 두지는 않았으며, 3%의 학생은 명확한 목적·목표가 있고 그것을 기록해 두었는데 몇 십 년 후 그 학생들의 생활상황을 다시 조사한 결과 명확한 목적과 목표가 있고 그것을 기록해 놓았던 3%에 속했던 사람의 수입은 나머지 97% 전원의 수입을 합한 것보다 10배나 더 많았다. 미래의 보물지도를 만들어 몇 번이고 반복해서 봄으로써 이미지를 높인 사람은 3%는커녕 0.1%도 안 될 것이다."〈무지개 원리〉

오늘날 우리 주위에 진정한 목표를 갖고 사는 사람이 별로 없고 더욱이 글로 쓴 장기 목표를 가지고 그 목표성취를 다짐하며 살고 있는 사람은 겨우 3% 미만이라 하니 대부분의 사람들은 확실한 목표와 성공의 중요성을 모르고 살고 있는 것이다.

제대로 된 삶을 살려면 확실한 목표를 가져야하고 그 목표에 대한 깅한 믿음을 가져야 한다. 내가 내 배의 선장이고, 운명의 주인이라는 철저한 주인정신이 없다면 내 인생은 남의 것이 되기 쉽다. 남에 의해 좌지우지되는 삶이라면 성공을 해도 무슨 큰 보람이 있겠는가. 우리는 살아가면서 스스로 선택한 자신의 삶을 살거나 다른 사람들에게 선택권을 넘기고 그들을 위해 살아가는 두 길에서 어느하나를 선택 할 수 있다.

자신을 흥분시킬 목표가 없는 사람은 언제나 목표가 뚜렷한 사람을 위해 일해야 하는 운명으로 살아가는 것이 보통이다. 현명한 사람은 자신의 목표를 추구하면서 다른 사람들의 목표성취를 도와주면서 의미있게 살아간다.

목표달성 기한을 확실히 정하는 것은 마음에 그 성공기한을 입력하여 잠재의식을 작동시킬 계기를 만든다. 성공일자가 적혀 있지 않은 목표는 목표를 생각해도 성공이 언제 될지 막연하고 스스로도 그렇게 취급해 버릴 위험이 있다.

목표에 대한 실천계획까지 세운 뒤에 실천을 하는 사람은 네비게이션을 보면서 운전하는 운전사와 같다. 그 속에는 정확한 일정과 올바른 방향뿐 아니라 현재의 위치는 물론 성공을 이루는 가장 좋은 길을 찾아가는 방향과 방법이 나타나 있어 목표를 향해 두려움 없이 매진할 수 있다.

무엇이든 생각하면 생각할수록 커지는 것이 세상의 이치요 마음의 작용이다. 계속 목표를 생각하고 목표에 일정을 써넣고 실천 계획까지 세우면 성공에 대한 믿음은 실패에 대한 두려움을 누를 만큼 강해지고 자신이 목표를 이룰 것이라는 절대적 믿음은 잠재력을 더 크게 발휘하도록 도와주는 촉매 역할까지 한다.

그러므로 장기목표는 나눌 수 있는 한 단계별로 구체적인 성공날짜를 적어 넣는 실천계획이 따를 때 더 효과적이다.

끊임없이 빠르게 변화하는 현실에서 장기목표와 실천계획은 동적이고 탄력적이어야 하지만 자신의 목표와 미래의 비전은 주변의 모든 것이 변하더라도 자신을 올바른 방향으로 인도해 줄 나침반 같은 변하지 않는 안내자 역할을 할 수 있게 단단한 원칙 위에 세워져야 한다.

가치관에 따라 원칙에 근거한 명확한 목표를 세우고 매일 그 목표를 성공하기 위해 실천하면 뇌는 목표에 초점을 맞추어 자동적으로 모든 신체 조직이 성취를 돕도록 지시한다.

확고한 목표와 그것을 성취하기 위한 계획이 마음 안에 가득 차 있으면 그런 내부의 열망은 외부에까지 나타나 성공을 위한 잠재의식을 깨운다. 원하는 것을 어떻게 달성할 수 있는가를 더 많이 생각할수록 그것을 달성할 수 있는 기회와 방법도 더 잘 포착할 수 있다.

"몇 년 뒤에 치르게 될 당신의 장례식을 떠올려 보라. 장례식에 온 사람들이 당신의 삶에 대해 어떻게 이야기해 주기를 바라는가. 우리가 최후의 순간을 마음속에 분명하게 그려 놓으면 어느 날 어떤 일을 당할 때에도 우리는 자신이 가장 중요하다고 생각한 기준을 위반하지 않고 살게 된다. 인생목표를 확립하고 행동하는 것은 우리가 가는 목적지를 정확히 하고나서 출발하는 여행과 같다." 〈네안에 작은 거인을 깨워라〉

목표를 어떻게 정할 것인가.

지금까지 성공적 인생을 살아왔다고 한껏 자부하는 소수의 사람을 빼놓고는 과거나 경험에 근거하거나 과거를 기준하여 목표를 정해서는 안 된다. 성공하지 못했다고 스스로 인정하는 과거를 기준으로 하여 만든 목표라면 자신의 열정에 불을 붙일 만큼 원대한 목표가 될 수 없다.

과거의 기준에서 자신에게 어떤 한계를 먼저 만들어 놓고 그 한계 안에서 목표를 정해서도 안 된다. 사람은 어떤 경우에도 항상 자신이 만든 한계능력보다는 수십 배나 큰 잠재력을 갖고 있다.

그러므로 성공적 삶을 살기로 결단한 사람은 먼저 성공습관을 기르고 그것이 안내하는 바에 따라 자신의 모든 것을 동원하여 완전히 가치 있고 새 삶으로 한 단계 업그레이드 할 수 있는 큰 장기 목표를 세울 일이다.

목표는 자신에게 중요한 가치 있는 것이어야 한다. 확정적이어서 스스로 그 목표 달성을 위해 매진할 수 있어야 한다. 또 확고한 실천계획까지 만들되 성취를 위한 유연성도 갖추어야 한다. 긍정적이어야 하고 현실적으로 성취가능하고 살아 움직이는 것이어야 한다.

대학에 진학한다는 목표라면 대학진학이 자신의 인생에서 반드시 가치 있는 어떤 것이어야 하고 왜 대학진학을 하는지 그 이유가 먼저 설명되어야 한다.

대학은 어디에 있는 어느 대학이고, 학과는 무엇인지, 목표단계에서 확정되어야 한다. 그냥 단지 서울이 아니면 대전에 있는 대학이라는 식이면 그것은 결코 성공을 보장하는 미래기억이 바라는 목표가 될 수 없다.

　목표를 정할 때 제일 먼저 생각할 것은 자신의 가치관, 인생관이나 장래에 자기가 하고 싶고, 해야 할 진정 가치 있고 유익한 그 무엇을 찾아내야 한다.

　물론 1주일이나 1, 2개월의 목표나 큰 목표를 이루기 위한 과정으로서 작은 목표〈대학진학을 목표로 삼고 이의 준비단계로 어학연수나 독서를 목표로 삼는 것〉를 정하는 경우도 있지만 언제나 우리는 장기적이고 높은 수준의 가치 있는 목표를 세워야 하고 그 큰 목표를 위한 수많은 작은 목표도 필요하다.

　나약한 목표에서는 절대 자극받을 수 없다. 우리는 더 크고 더 도전적인 목표를 세우되 성공확신을 갖고 성공습관에 따라 목표를 세움으로써 내부에 숨어 있는 거대한 잠재력을 깨워 활용할 수 있어야 한다. 마음을 흥분시키는 목표를 가질 뿐 아니라 그 목표를 반드시 추구해야하는 충분한 이유도 가져야 한다. 그렇게 되면 목표를 현실화시키는 과정은 이미 반 이상 이룬 것이나 마찬가지다. 분명하고 긍정적인 목표는 매일 목표를 향해 나아가게 하고 항상 자신이 '승자'라는 느낌을 갖게 한다.

　목표를 정하기 전에 나에게 정말 중요한 것은 무엇인가. 이렇게 하는 목적은 무엇인가. 그것을 이루기 위해 내가 포기해야 하는 것은 무엇인가를 점검해 보라. 계속 목표를 기록하는 것은 매일 변함없는 원동력과 생기를 얻기 위함이다. 목표를 향해 계획된 길을 차근차근 따라 가면서 새로운 생활방식을 즐겨야 한다.

목표는 살아 있고 현실적이어야 한다.

목표가 분명하면 그 과정의 괴로움이나 난관, 스트레스는 문제가 안 된다. 위와 같은 목표가 가질 여러 가치들을 함께 집약하여 만든 것이 사명선언문이다.

"자신의 삶의 목표를 정한 사명선언문은 인생이라는 여행길의 든든한 가이드이자 항로와 중간 기착지를 선택하며 항해를 시작하며 그 과정에서 평가하고 수정하며 다시 항해를 할 때 들여다보아야 할 안내나침반이다. 그러므로 사명선언서는 외우기 쉽게 짧게 만들어야 하고, 쉽게 이해되도록 표현이 정확해야 하며, 가능한 한 짧은 문장이어야 한다." 〈가슴뛰는 삶〉

사명선언문은 자신의 미래모습을 구체적인 언어로 적어 자신의 잠재의식에 새겨 그 목표를 달성하고자 하는 자극제이므로 제대로 된 인생을 살고자 하는 사람이라면 반드시 만들어야 할 자신과의 약속서이다. 사명선언문을 만들 때는 반드시 긍정적인 표현을 써야 한다. 포기하지 않는다, 괴롭지 않다, 초조하지 않다, 실패하지 않는다와 같은 부정적인 단어를 써서는 절대로 안 된다.

사명선언문의 목표에 자신의 생각에 따른 한계를 만들지 말아야 한다.

"보물지도에 그려 넣은 목표가 최종목표일 때 각각의 꿈에 대하여 6개월, 1년의 중간목표를 만드는 것이 좋다. 도중에 목표가 달성되면 자신감이 생기고 자신의 페이스를 알 수 있으며 궤도수정도 가능하다. 경험이 축적되면 앞으로 계획을 세우거나 구체적인 행동을 취하기도 쉽게 된다. 최초의 목표달성 기간은 6개월 이내로 하는 것이 좋다. 1년으로 하면 대부분 곧 이뤄질 목표라는 생각이 들지 않아 구체적 행동으로 이어지기가 어렵기 때문이다."〈보물지도〉

목표가 너무 높거나 그 과정이 복잡하여 성공이 어렵게 보이고 실천이 주저된다면 그 목표를 작은 단계들로 쪼개라.
목표에 대한 도전이 어렵게 보이는 것은 목표전체를 합쳐 한꺼번에 생각하다 보니 목표에 들어있는 문제의 규모가 실제보다 어마어마하게 크게 느껴지기 때문이다. 상황이 아무리 복잡하고 어렵더라도 해결 방안은 의외로 간단할 수 있다. 한꺼번에 문제의 모든 것을 해결하려고 서두르지 말 일이다.
목표를 정함에 있어 부딪칠 장애를 어떻게 극복할 것인지를 짚고 넘어가는 것도 중요한 일이다.

시간에 따라 세워진 목표달성 계획은 목표가 성공할 때까지의 모든 예상 행동을 차례대로 기록한 것이다. 목표에 대한 구체적 일정을 확정하는 것은 목표를 달성하려는 마음에 열정의 불을 붙이는 것이 된다.

그러므로 목표를 성취할 확실한 날짜를 반드시 목표 옆에 뚜렷하게 적어 넣어야 한다.

목표는 우리의 노력과 에너지를 통합시키고 우리가 하는 모든 행위에 의미와 목적을 부여한다. 큰 목표 때문에 우리는 주도적으로 변화되고 내 삶을 책임지게 되어 목표는 날마다의 열정적인 실천행동으로 바꾸어진다.

〈성취심리〉가 제시하는 효과적인 목표 설정을 도와주는 규칙을 보자. "목표는 서로 상충되지 않고 조화로워야 한다. 목표는 상호보완적이며 강화하는 것이어야 한다. 목표는 도전적이어야 한다. 힘들여 노력해야만 달성할 수 있는 것이어야 한다. 유형적인 목표와 무형적인 목표, 양적목표와 질적목표를 동시에 가져야 한다. 단기적인 목표와 장기적인 목표도 동시에 필요하다. 현재에 대한 목표와 함께 5년, 10년, 20년 후의 목표도 필요하다. 주된 목표 또는 포괄적인 목표는 2년에서 3년 정도 되는 도전적인 것이 좋다"는 것이다.

그래도 목표를 세울 때 가장 중점을 둘 것은 그것이 자신을 들뜨게 하여 잠재능력까지 발휘하도록 동기를 부여할 만큼 충분히 큰 것으로 정할 일이다. 그렇게 되면 처음 불가능해 보였던 목표라도 자신을 흥분시켜 그 목표가 달성되도록 자신의 믿음체계까지 바꾸어 버린다.

성공습관이 가르쳐 주는 비법은 첫 목표를 현실적으로 성취가 가장 확실한 것으로 정한다. 첫 목표가 달성되어 꼬리에 꼬리를 물고 끝없는 목표까지 성취가 이어지도록 만들어야 한다.

처음부터 목표를 이루어 나간다면 계속적인 목표 달성을 통하여 놀라운 자긍심과 계속되는 성공을 즐길 수 있다.

처음의 목표가 성공하고 뒤이어 같은 목표가 계속 성공하도록 목표의 양과 질을 조절할 필요가 있다. 그렇다고 누워서 떡먹기 식으로 쉬운 목표들만 세우거나 목표의 60내지 70%만 성공한다는 식으로 양적으로 불확정하게 목표를 세워서는 안 된다.

"진정으로 변화하려 할 때 가장 먼저 할 일은 변화목표의 기준을 높여 절대로 그 이하의 변화에는 만족하지 않기로 결심하는 것이다. 자신의 목표기준만 올리고 그것을 해낼 수 있다는 진정한 확신을 갖지 못하면 그것은 스스로 자신의 변화를 방해하는 것이 된다."〈네 안의 잠든 거인을 깨워라〉

일에서 뛰어난 업적을 남기고 싶고 계속 성공의 가도를 달리고 싶다면 자신이 하는 일에 경중과 완급으로 가장 중요한 것 다음으로 중요한 것 등 목표에 우선 순위를 두고 그 우선 순위대로 성공해 가면서 살아야 한다.

사람들이 인생의 방향을 잃고 바람이 부는 대로 휩쓸려 가는 것은 미래로 나아갈 수 있는 키와 돛이 자신에게 있는 걸 알지 못하고 또 이용할 줄도 모르기 때문이다.

확실한것은 내 인생은 내 것이고, 내가 관리자로서 목표를 선택한다. 일이 잘 안 풀릴 때 심각하게 고민하면 더욱 더 꼬일 수 있으므로 일이 안 풀릴 때는 고민하지 않기로 선택하면 된다.

사람의 미래는 희망하는 대로 되는 것이 아니라 그가 선택하거나 스스로 지금의 순간들에 경험하기로 결정한 것에 따라 만들어 진다. '나의 길'은 선택하지 않은 나머지 다른 길을 돌아보지 않는 것이며 나의 책임 아래 세상 끝까지 내가 선택한 그 길을 혼자 걸어가야 하는 길이다.

그러므로 모든 행동 하나하나는 반드시 의식적으로 선택할 일이다. 세상에서 내가 반드시 해야 할 일이란 사실 없다고 말할 수 있다. 우리는 에너지를 마음껏 발산하며 일관된 나의 선택이 가져다 줄 인생의 자유를 한껏 누리며 살 수 있다.

사람들은 모두 인생을 똑같이 시작한다. 시작은 분명 모두 같지만, 그 후의 삶은 우리가 하는 선택에 따라 달라지는 것이요 훌륭한 선택을 하면 그만큼 더 훌륭한 결과를 얻게 되는 것이 인생이다.

현실에서 어느 누구도 나의 인생을 바꿔 살아주지 못한다. 나의 삶은 내 스스로가 바꿀수 있을 뿐이다. 인생길에 정답은 없어도 누구나 최선의 선택은 할 수 있다.

내가 오늘 이 자리에 있는 것은 내가 그러한 선택을 하기로 결정했기 때문이다. 날씨 때문에 약속시간에 늦었어도 날씨가 어떤 초능력을 발휘하여 나를 지각하도록 만든 것은 아니다.

늦기로 한 것은 결국 내가 선택한 것이다. 나에게 일어난 일은 내가 선택한 것이고, 그 결과는 나 아닌 다른 원인에 의한 것이 아님을 인정하면 나쁜 날씨 같은 사소한 일에 책임을 떠넘기고 변명하며 구차하게 사는 것이 아니라 당당하게 살게 된다.

"중요하건 사소하건 우리의 하루하루는 모두 선택의 연속이다. 대부분의 선택은 무의식적으로 이루어지지만 올바른 선택을 하려면 훈련이 필요하다. 선택의 여지가 없다, 쏟아 부은 게 너무 많아 마지막까지 포기할 수 없다, 이러한 생각은 결국 지금까지 입은 손해보다 어마어마한 대가를 치르게 할 수 있다. 상류층은 끊임없이 하류층이 행하지 않는 것을 선택한다."〈당신이 답이다〉

"올바른 선택을 하려면 선택하려는 그 하나만 보지 말고 선택에서 제외되는 나머지도 잘 살펴보아야 한다."〈행복참고서〉

어떤 결정을 내려야 하는데도 아직 확신이 없을 때는 잠시 기다릴 필요가 있다. 모든 것에는 해결책이 있는데 지금 해결책을 선택할 수 없을 때는 기다림을 선택하라는 메시지다.

급하다고 아무것이나 선택하면 소중한 많은 것들을 잃고 날마다 급한 일에 쫓기며 바쁘게 살게 된다.

  급한 것에만 주목하지 말고 중요한 것에 주목하여 선택할 일이다. 사람은 자기가 선택하여 생각하는 대로의 사람으로 살게 된다. 결국 목표는 선택의 결과이고 좋은 선택이라야 끝내 성공 인생으로 살아갈 수 있다.

  2학기 들어 두 달 동안 아이들의 학교생활은 1학기 때와는 확실히 달라져 있었다. 학교에서 돌아오면 스스로 몸 관리를 하고 그날 배운 학교공부를 복습하며 저녁 먹을때까지 시간을 쪼개어 그날 해야 할 운동과 한자나 영어단어 외우기를 하고 밤에는 숙제와 생활계획표에 따라 자기가 하고 싶고 좋아하는 일들을 시키지 않아도 열심히들 하고 있다. 몰라보게 변한 아이들이 기특하고 자랑스럽다.

  부모님이나 선생님에게 인정받지 못하던 아이들이 자율과 의사존중 만으로 스스로 깨우쳐 이렇게 단시간 안에 훌륭하게 변화될 줄을 연석도 예상하지 못한 일이다.

  아이들은 지금까지 계획한 목표마다 모두 성공하였고, 그 성공이 자기의 의지와 열정으로 이루어낸 것이기에 더욱 소중하게 받아들이면서 계속 성공만을 바라보며 새 목표의 선택과 그 달성을 위해 뛰어들고 있다.

  연석은 처음 이 집에 오면서 부모님에게 성적에 연연하지 말라고 특별히 부탁을 드렸고 부모님이 흔쾌히 그 제의를 수용해 준 것에 감사할 따름이다.

이제 아이들은 공부하는 것이 즐겁고 공부를 하고 싶다고 당당하게 말한다. 그만큼 자신감이 생기고 탄력이 붙어 두려울 게 없다는 태도로 열심히들 공부나 운동에 매달리고 있다. 2학기 들어 치른 아이들의 사회과목 시험 성적은 한번 1문제를 틀린 일 외에는 모두 100점이다.

이제 아이들은 담임 선생님이 좋다하고 선생님도 자기들을 끔찍이 귀여워해 주신다고 말한다.

아이들은 목표 일기에 장기목표를 적어 내기 시작한다.

석준은 법대에 진학하여 검사가 되어 사회 정의를 바로 세우는 일을 하겠다고 목표를 정했다. 무엇보다 연석을 가까이 보면서 자극을 받았을 터이고 지금 하고 있는 성공습관대로 공부하면 못할 것이 없다는 확신이 들었던 것이다. 경서는 만화가로서 대학교수가 되고 싶다고 말한다.

그간 연석이 아이들에게 준 성공표창장은 10개가 넘었다.

집안은 온통 성공표창장, 성공사진, 성공선물로 넘쳐나고 있다. 눈을 뜨면 마주하는 것이 성공이란 글자와 성공의 메아리뿐이다.

10월 26일 일요일이 석준의 생일이다.

연석은 석준의 생일에 초청할 친구 네 명을 묻고 석준에게 그 친구들의 장래희망을 자세히 알아오도록 했다. 석준이 적어온 친구들의 장래희망은 윤철기는 의사, 장용진은 군인, 정광일은 교수, 박경현은 회사 사장 이다.

연석은 조여사에게 일요일 저녁 생일잔치 상을 근사하게 차려 주고 아이들이 입을 검은색 가운 5벌을 준비해 달라고 했다. 연석은 아크릴에 새긴 명찰 5개를 준비했다.

서울지방검찰청 검 사 안 석 준	서울중앙병원 의학박사 윤 철 기	수도경비사령부 육군중령 장 용 진
서울대학교 교수 철학박사 정 광 일	경현산업주식회사 대표이사 박 경 현	

  오후 6시가 지나 석준과 친구 4명이 촛불이 켜진 식당으로 들어왔을 때 연석은 각자의 명찰이 달린 가운을 건네주며 그 옷을 입고 식탁 앞에 앉으라고 한다. 석준의 부모님이 방안으로 들어오실 때 실내등을 있는 대로 다 밝혔다. 밝은 조명아래 비친 광경은 누구도 예측 못한 깜짝이벤트였다.
  까만 가운 왼쪽 가슴에는 각자 20년 후에 목표로 삼은 되고 싶은 사람의 명찰이 위엄있게 달려있다. 참석자들은 서로 번갈아 쳐다보면서 폭소를 터뜨렸다.
  분위기가 가라앉자 우선 연석이 인사말을 한다.
  "선생님이 석준을 가르친 지 8개월 쯤 지났는데 선생님 보기에 석준은 굉장한 잠재력을 가졌고 그간 계획한 것을 모두 성공함으로서 앞으로 석준이 목표로 삼은 검사가 될 것으로 선생님도 확신한다. 지금부터 20년 뒤의 장래의 일이겠지만 선생님이 석준과 같이 생활하는 동안 석준이 해낸 일에 감사하면서 성공파티를 열어주고 싶어 이 행사를 하게 되었다. 오늘은 모두들 20년 후 성공한 다섯 친구가 친구 생일의 축하행사에 온 것으로 하여 즐기기 바란다. 그러니 이 자리에서는 서로 안석준 검사, 윤철기 박사, 장용진 중령, 정광일 교수, 박경현 사장으로 부르며 석준의 생일을 축하해줬으면 좋겠다. 앞으로 20년 후는 너희들의 일생에서는 가장 소중한 시기다. 20년이 긴것 같아도 지내보면 눈 깜짝할 사이다. 이 시기를 잘 활용하면 지금 명찰에 적힌 그 위치에 서서 각자의 삶은 축복받을 것이고 그렇지 못하고 남이 놀 때 같이 놀고 즐기면서 어정쩡하게 세월을 보낼 경우 이것도 저것도 아닌 인생으로 살면서 삶이 고달플 수도 있다. 어느 길을 택할지는 전적으로 너희들의 의지와 행동에 달려있으니 명심하고 목표를 반드시 이루기 바란다."

연석의 인사말에 모두 박수를 쳤고 생일 축가를 부르고 케이크를 자른 뒤부터 분위기는 사뭇 진지해지고 있었다.

연석은 반찬을 건네주거나 음료수를 권할 때 일부러 큰 소리로 "장용진 중령님 이것 드세요." "박경현 사장님, 콜라 드릴까요."하며 대화를 이끌었다.

이제는 아이들도 서로 존칭과 존대말을 하면서도 웃거나 쑥스러워 하지 않는다. 분위기가 무르익자 시키지도 않았는데 몸집이 큰 정광일 교수가 일어나 웅변조로 연설을 한다.

"우리가 친구로 철부지 같이 지내오다가 이제 이렇게 성공하여 한자리에 모였습니다. 오늘 안석준 검사의 생일을 축하하게 되니 옛날 생각이 간절하군요. 여러분들 오늘 같은 날 특별히 기억나는 분이 없으신가요?"

윤철기 박사가 바톤을 이어 받는다.

"아, 고연석 선생님 말씀이군요. 우리 다섯은 중학교 때 서로 경쟁하면서 열심히 공부하여 다 같이 이만큼 성공했는데 고연석 선생님이 한 충고가 큰 힘이 되었습니다. 우리 모두는 고선생님께 진심으로 감사드려야 할 일이지요." 박수가 그치고 안석준 검사가 한마디 한다.

"제 생일을 축하해 주려고 오신 여러분에게 감사드립니다. 지금은 분야가 다르지만 옛날에 공부하던 그 마음가짐으로 맡은 일에 충실하면서 고선생님의 은혜에 보답하기 위해서도 나라와 사회를 위해 또 자신을 위해 헌신합시다." 말을 마치면서 석준은 친구들에게 "앞으로 친구들 생일마다 오늘처럼 모여 성공자 파티를 하면 어떨까요?" 모두들 박수를 치고 휘파람을 불며 환호한다.

그렇게 두 시간의 생일파티는 석준과 친구들 사이에 자신들의 목표를 확실하게 굳히고 서로 격려하면서 각자의 목표를 꼭 이루자는 다짐의 자리로 변했다. 친구들의 성공자 파티는 기념사진을 찍는 것으로 막을 내렸으나 그날부터 친구들은 꿈이 아니라 꿈이 이루어진 미래를 현재로 되돌리어 성공자 대화를 계속 나누어 갔다.

성공을 위해서는 잠재의식을 깨워 뇌로 하여금 목표의 성취를 위해 전심전력으로 나아가게 하여야 한다. 이때 강력한 구원투

수가 있다. 그것이 시각화, 보물지도 만들기다.

사람이 어떤 일을 하겠다고 목표를 정하면 의도적이든 아니든 마음은 목표를 바라보게 되고 그 목표가 이루어지기를 희망한다. 어디로 갈 것인지를 정하고 집을 나선 사람은 갈 길을 생각하고 갈 곳을 바라보며 길을 걷는다. 사람은 원래 목표 지향적 창조물이고 성공 메커니즘을 갖고 있기 때문이다.

뇌는 성공한 것을 좋아한다. 뇌가 성공한다 혹은 이미 성공했다고 믿게 되면 실천행동에 지루함이 없어지고 열정을 갖고 기쁘게 실천에 나설 수 있다. 성공의 상상화는 목표를 정한 사람이 자신의 마음속에 이미 성공한 상태를 그려 놓은 그림이다. 누구에게나 마음은 성공이라는 건축물을 상상화로 그리는데 참으로 안성맞춤인 곳이다.

시각화는 진짜와 가짜를 구별하지 못하는 뇌로 하여금 이미 목표를 달성한 것으로 믿게 하여 목표나 미래기억에 대한 성취 확신을 한층 더 강화시키는 기법이다.

시각화는 잠재력을 꺼내어 전두엽의 미래기억과 그 목표성취 방법을 만드는데도 크게 기여한다.

시각화는 위와 같은 잠재력, 성취확신, 미래기억에 터 잡아 실천의지에 힘을 보태 가속도를 내게한다. 시각화는 목표성취를 위한 잠재력 계발과 성공의 믿음, 실천의 어느 단계에서든 성공에 크게 기여한다. 사람은 누구나 현재를 뛰어 넘어 자신의 성공한 장래모습을 볼 수 있는 시각화능력을 갖고 있다.

보물지도로 만들어 시각화하는 방법은 성공자라면 지금까지 의식했든 아니든 누구나 실천해 왔던 핵심적 성공기법이다. 보물지도에 목표와 성취를 적어두고 자신이 원하는 것을 계속 생각하고 바라다보면 처음에는 막연하고 흐릿했던 목표 그림이 보면 볼수록, 생각하면 생각할수록, 정보가 쌓이면 쌓일수록 점점 더 진하고 명확해진다.

1개월 이상 보물지도에 적힌 목표를 바라보고, 읽고, 감정을 넣어 성공을 상상하면서 매일 10번씩 시각화하면 뇌는 그것이 이미 이루어진 것을 기정사실로 믿게 되고 성공의 꿈도 꾸게 된다.

뇌는 반복 입력되면 그대로 믿는 속성 때문에 시각화는 결코 착각이나 환상이 아닌 확고한 믿음의 단계로 우리를 이끄는 것이다.

위와 같은 시각화 연습을 계속하면 현재의 위치에서 앞으로 원하는 목표의 위치까지 실천의 신경회로가 연결되고 강하게 조건화되어 목표가 반드시 이루어진다는 확신이 마음속에 자리 잡게 된다. 그런 확신은 잠재력을 꺼내어 성공을 위한 최선의 행동을 이끌어내게 한다. 어떤 연습이나 행동도 연습이나 행동하기 전에 먼저 마음속에서 여러 번 연습하고 행동할 수 있다.

새로운 사업계획을 시작하는 시점이라면 마음으로 사업이 성공적으로 번창한 장면을 상상화로 만들고 성공한 사업가로 행동하는 자신의 모습을 연출하는 연습을 마음속에서 계속 할 수 있다.

잠재의식은 어떤 것을 생각하고 기억하고 다시 경험할 때마다 그것을 받아들이고 실제로 그런 일이 일어난 것으로 저장한다. 우리가 긍정적 경험을 반복하여 상상함으로써 실제로도 그 경험을 한 것 같이 스스로를 프로그램 할 수 있다.

아직 긍정적 경험을 하지 못했더라도 경험한 것처럼 마음속으로 반복상상하면 잠재의식은 그것이 조작되었다는 것을 알지 못하고 그대로 믿어 주는 것이다.

날씬하고 멋있는 몸매를 마음속에 그리고 그 상상을 반복 시각화할 때 잠재의식은 점점 식욕과 신진대사 그리고 운동과 건강한 생활에 대한 욕구를 그 그림에 맞게 조절하도록 몸의 조직을 통제하여 밥맛이 없게 하거나 기름진 음식을 기피하게 만든다.

모든 발전은 먼저 마음에서 시작되고 모든 성공의 출발은 시각화에서 시작된다는 말까지 있다.

시각화가 성공에 결정적인 힘을 주는 것은 사람은 누구나 풍부한 상상력을 갖고있고 뇌는 반복입력되는 정보를 사실로 믿어 주기 때문이다. 우리는 상상력으로 미래를 향해 도약할 수 있고, 되고 싶은 존재로 될 수 있으며 시각화로 잠재력을 이끌어내는 도움까지 받을 수 있다. 어려운 상황일수록 상상 속에서 성공 연습을 해보고 성공을 기정사실화하는 시각화 작업이 효과적인 난관 극복 방법이 될 수 있다.

침착하고 매력적이고 자신감이 넘쳐흐르며 미소를 띤 자신의 모습을 상상력 속에 놓치지 않고 계속 붙들다 보면 어느 순간 자신이 그런 사람으로 되어 있는 것을 보고 놀라게 된다. 마음에서 진심으로 바라면 반드시 현실이 되어 나타난다.

골프나 농구, 바둑을 해 본 사람은 실제 경기를 하지 않고도 TV나 신문 기사를 통하여 마음에서 연습할 수 있음을 경험으로 알고 있다. 사람들이 사용하는 효과적인 시각화 방법에는 여러 가지가 있고 각자 자신에게 맞는 효과적 시각화 방법을 택해 사용할 수 있다.

일반적으로 쓰이는 시각화 방법으로는 보물지도 그리기, 미래의 성공명함, 미래의 성공사진, 거울기술 익히기, 성공표창장, 자기선언문, 성공자 파티, 영상훈련, 성공편지쓰기, 성공일기쓰기, 성공자 연기하기, 미래의 성공장소 방문, 멘토와의 상상회의, 이미지훈련 등이 있다.

연석은 지금까지 주로 보물지도, 성공일기, 이미지훈련, 성공편지를 이용하여 나름대로 능률을 극대화 해왔다.

상상한 목표가 현실로 이루어진 것처럼 생각하고, 행동하며, 만족을 느끼면, 뇌는 실제로 현실에서 그 목표가 이루어진 것처럼 모든 기능을 작동시키기 때문에 그것이 원동력이 되어 원하는 목표가 빨리 성취되게 된다.

그러므로 미래의 자신의 모습을 적을때는 '나는 ○○이었다', '○○다', '○○하고 있다' 와 같이 과거형이나 현재 진행형으로 써야 하고, '행복해지고 싶다', '일등을 하고 싶다', '성공하고 싶다' 등과 같이 '되고 싶다', '하고 싶다' 의 형태로 써서는 미래기억을 만드는데 큰 힘이 되지 못한다.

그러나 시각화는 성공을 위한 목표설정, 믿음과 효과적 실천 행위의 윤활유 역할을 할 뿐 시각화만으로 모든 꿈이나 목표가 바로 이루어진다는 말은 진실이 아니다.

연석도 보물지도, 시각화를 많이 사용해 보았고, 그 효험을 누구보다 많이 체험한 사람으로 그 힘을 잘 알고 있지만 시각화만으로 목표가 자동적으로 이루어진다는 말은 명백히 잘못이라 말하고 있는 것이다.

"성공을 이미 이룬 것처럼 행동하기 위해서는 무엇보다도 현재 시제로 적어야 한다. 성공한 많은 사람들은 목표를 종이에 써서 매일 반복해서 바라보고 되뇌었으며 항상 머릿속에 성공한 장면을 떠올리며 목표성취의지를 다진다. 보물지도를 만들고 평소에도 늘 목표를 확인하는 사람은 매일 자신의 꿈이 그려진 보물지도와 목표를 바라봄으로써 뇌가 자동적으로 할 일의 우선순위를 정리해 주는 것을 느낀다. 중간에 간혹 급한 일이 끼어들어도 다소 돌아갈망정 인생코스는 끊임없이 목표를 향해 나아간다. 이는 자동차 네비게이션에 목적지를 설정했어도 일시 코스가 조금 빗나갈 수 있지만 금방 원래대로 돌아오도록 수정 지시를 내리는 것과 같다. 보물지도를 만들고 그것을 바라보는 일은 인생의 우선 순위를 메모하고, 꼭 필요할 때에 가르쳐 주는 유능한 코치나 매니저를 고용하는 것과 같고 게다가 요금은 완전 무료이다."〈보물지도〉

스스로 가장 효과적이라고 생각되는 방법과 내용으로 성공을 위한 시각화를 하면 된다.

보물지도

"커다란 종이에 나의 이름이나 '나의 보물지도'라고 쓴다. 행복하게 웃고 있는 사진을 배치하고 갖고 싶은 것과 구체적인 목표를 나타내는 사진 등을 주변에 배치한다. 구체적인 첫 실천단계로서 행동목표 '이번 주의 실천사항'을 써넣는다. 완성되면 자주 눈에 띄는 곳에 붙여 두고 바라본다. 또한 가능하면 보물지도를 사진으로 찍어 수첩이나 눈에 자주 띄는 곳에 붙인다. 자주 볼수록 효과적이다."〈보물지도〉

보물지도는 확정적이고 단정적으로 써야하고 그것을 직접 자주 보고 자주 상상해 볼 수 있어야 목표나 성공이 잠재의식 속에 깊고 단단하게 새겨진다.

자신이 가지고 싶은 것을 이미 가졌고 목표는 이미 완전히 이루어졌다고 상상하면서 계속 그 보물지도를 보는 것이다.

보물지도를 보면서 성공한 자신의 삶이 어떤 모습으로 펼쳐나가는지를 다시 상상해본다. 그 상상은 성공을 더욱 절실하도록 자극하는 원동력이 되어 잠재의식을 발동시킨다.

성공 명함

명함이나 엽서 크기의 카드, 수첩, 노트에 성공한 자신의 명함을 적거나 자기선언문을 적어 휴대하고 다니며 계속 보고 읽는다. 성공 명함이나 자기선언문을 적어 시선이 많이 가는 곳에 붙여놓거나 휴대폰에 입력해두고 틈날 때마다 본다.

10년이나 20년 뒤 의사가 되기로 목표를 정한 사람은 ○○병원 내과과장 의학박사 ○○○로 된 명함을 만든다. 2년 후 서울대학교 법과대학에 입학하기로 목표를 정했으면 합격자 수험번호 ○○○○, 성명 ○○○, 서울대학교 총장이름의 합격증을 만들어 수첩에 넣고 다닌다.

10년 후 10억 원의 재산가가 되기로 했다면 10년 후의 날짜로 10억 원을 벌었다는 사명선언문을 만들거나, 10년 뒤의 날짜로 10억 원짜리 자기앞수표를 만들어 그 위에 자신의 사진을 붙여 수첩에 넣고 다니거나 벽이나 책상 앞에 붙여둔다.

미래 그리기 · 미래 사진

자신의 목표가 유명 화가라면 국전에 특선작가로 수상한 사진을 찍고 소설가라면 그 책은 출판 중이고 베스트셀러가 되어 인터뷰하는 사진을 찍는다.

자신의 목표가 시험에 합격하는 것이라면 합격증을 만들거나 합격증을 받는 사진을 찍거나 그림을 그린다. 자신이 바라는 사람으로 이미 되었음을 표상하는 장소(사무실, 산 정상등)나 등

장인물과 함께 자신의 사진을 찍어 사무실이나 집에 붙여 놓는다.

미래의 모습을 생각하고 그것을 이룬 것처럼 그림을 그리면서 믿고 기다리면 잠재의식 속의 모습이 조금씩 바뀌기 시작하여 어느 순간 그 그림과 같이 되어 있는 자신의 모습을 실제로 볼 수 있다.

'미래의 나' 그리기 대회는 말 그대로, 자신이 꿈꾸고 있는 미래의 모습을 진지한 마음에서 그림으로 그려보는 모임이다.

공연발표회, 상품설명회, 나아가 목표 달성을 위한 도전, 모임 등 마음속에 최종목표를 명백하고 분명하게 그리는 것으로 미래그리기는 마음속으로 상상한 내용을 실제 종이에 그려보는 것이다.

희망이나 욕구를 잠재의식에 전달하려면 이미 그 일을 성취한 모습을 마음의 눈으로 볼 수 있어야 할 뿐 아니라 그 꿈을 이루어 성공한 자신의 모습을 그림으로 직접 그리고 눈으로 보고 확인하는 것이 더 강력한 미래기억을 만든다.

자신의 미래사진이나 미래그림을 자주 보면서 꿈꾸기를 계속하는 사람은 그렇지 않은 사람보다 몇 배는 더 생생하게 자신의 미래를 꿈꿀 수 있고 그만큼 성공에 더 근접할 수 있다. 눈으로 직접 성공한 자신을 볼 수 있다면 실제로도 더 빨리 성공할 수 있다.

거울 기술

정신의 연마라는 점에서 거울기술은 잠재의식이라는 위대한 힘을 끌어내기 위한 손쉽고 멋진 방법이다.

누구를 만나러 갈 때 거울앞에 서서 그 사람의 사진을 보거나 얼굴을 상상하면서 웃으며 대화를 해 보고 거래처에 외판을 나갈 때는 미리 오늘은 그 가게에 몇 개를 팔겠다고 작정을 하고 거울 속의 자신을 향하여 그만큼의 물건을 거래처의 카운터 위에 놓고 돌아온다고 반복으로 말한다.

거울을 보면서 나는 이긴다, 불가능은 없다, 끈기가 있다. 오늘은 몇 사람을 만난다. 등의 여러 가지 목표를 계속 말하면서 확신의 표정을 만들어 본다.

거울은 거짓말을 하지 않는다. 거울을 이용해 자신을 가다듬을 때 거울에 비친 것은 스스로 만든 온갖 욕망과 두려움을 뒤집어쓴 자기 자신이다. 그런 당신을 세상은 있는 그대로 하나의 대상으로 보는 것이다. 날마다 규칙적으로 하루에 여러 번 거울을 향해 표정관리를 하고 목표달성을 다짐하면 용기와 순발력이 생긴다.

미래의 현장 가보기

누구와 약속한 장소가 그전에 한 번도 가보지 않았던 곳이라면 실행하기 전에 직접 몸을 움직여 가든, 마음속으로 가보든 그곳으로 가봐야 한다.

마라톤을 하기 전에 정해진 코스를 미리 달려보거나 차를 타고서라도 사전답사를 하여 지리를 숙지하는 것이 대회 때에는 큰 도움이 된다.

멘토 회의

나폴레온 힐은 자신을 재탄생시키기 위한 목적으로 존경하는 아홉 명의 인물을 초대하여 매일 밤 상상의 회의를 열었다고 한다.

그는 밤에 잠들기 직전에 조용히 눈을 감고 정신의 영화관에 들어간다. 아홉 명의 멘토들을 상상의 테이블로 초청하여 상상 멘토들이 테이블에 빙 둘러 앉으면 자신은 회의를 진행하는 의장이 되어 각 멘토 한 명 한 명에게 진지하고 정확하게 질문을 던진다. 매일 시간을 내어 정신의 영화관에 입장하고 완벽한 영화가 만들어질 때까지 대본을 수정하고 다시 상영하는 것을 반복한다.

상상력만으로 자신의 멘토들과 어떤 것이든 훈련하여 실제로 행하는 것과 비슷한 결과를 얻는다는 것은 효과적이고 혁신적인 생각이다.

영화상영

사람에게는 여러 감각능력이 있고 사람에 따라 그 능력이 다르므로 시각적 효과보다 청각적 효과를 더 느낀다면 귀로 들을 수 있는 소리로 효과적인 상상훈련을 할 수 있다.

  자신이 가지고 있는 가장 좋고 가장 강한 감정을 상상화에 적용하여 전두엽에 호소하는 것이다. 10년 후 정확하게 내가 되고 싶은 삶을 생생하고 명확하게 마음속에 그리고, 눈을 감고 내가 주인공인 나의 영화에서 주연하는 나의 모습을 스크린에 계속 그려 넣는다. 오랫동안 끊임없이 마음의 눈으로 자신에 관한 그림을 계속 그려 간다면 언젠가 반드시 그 그림에 가까운 당신이 될 것이다.

  "미국의 유명 칼럼니스트 마크 마이어스는 말한다. 행운은 스스로 만드는 것이다. 꿈에 그리던 사람을 만나 사랑하고 결혼하고 싶다면 매일 시간을 내어 마음속으로 그 사람을 이미 얻은 장면을 담은 영화를 상영하라. 아직 좋아하는 사람이 없다면 사귀거나 결혼하고 싶은 사람의 성격, 외모, 직업, 재산을 구체적으로 정하라. 좋아하는 사람이 있다면 그 사람과 운명처럼 사귀고 결혼하게 될 계기를 정하라. 예쁜 종이에 적은 글을 소리 내어 읽어라. 의자에 앉거나 자리에 누워서 눈을 감고 편안한 마음으로 상상하라." 〈꿈꾸는 다락방〉

  마음속의 영상훈련 역시 성공한 사람들이 빠짐없이 실천하는 비결이다. 긍정적인 가상 시나리오를 만들어 마음속으로 반복하여 상영하는 것이다. 새로운 사업계획을 시작하는 시점에 있다면 마음의 눈으로 그 사업이 성공한 장면을 상영하는 것이다. 간절한 목표가 있거든 마음속에 그 성공스토리를 주제로 한 한편의 영화로 만들어 상영하라. 최고의 운동선수는 항상 승리하는 장면을 상상하고 위대한 음악가는 어떤 악기를 다루든 최고의 연주를 상상한다.

"영상으로 그리는 세계는 실제로 존재하여 바로 그 세계에서 모든 것이 창조된다. 마음속에서 그림을 그리고 느낄 때 이미 그것이 있다고 믿는 상태로 된다. 사람은 자신이 알든 모르든 누구나 영상을 그린다. 영상그리기는 모든 성공의 놀라운 비밀이다. 상상은 삶의 핵심이고 다가올 미래의 시사회다."〈시크릿〉

미래일기

"미래일기를 쓰고 자신의 마음속에 미래에 대한 확고한 청사진을 간직하고 있으면 인생에서 일어나는 많은 일들이 운명처럼 그 쪽으로 흘러가게 된다. 신기하게도 그의 눈에는 그런 것들만 보이고 자꾸 그런 기회만이 찾아오는 것처럼 느껴진다. 내가 원하는 미래를 구체화해볼 수 있는 방법 중 하나가 미래여행과 미래일기다. 지금부터 내가 꿈꾸고 내게 어울리는 미래의 어느 날로 날아가 그날 하루일과를 그려보자."〈가슴뛰는 삶〉

미래의 내 모습을 볼 수 있는 마음의 눈을 뜨자. 미래에 내가 어떤 옷을 입고, 어디서 무슨 일을 하는지 전두엽의 미래기억을 열어보자.

5년 후의 미래 일기뿐 아니라 10년 후의 미래일기도 구체적으로 육하원칙에 따라 써보자. 희미했던 성공영상이 점차 선명하고 또렷하게 떠오른다.

자신이 간절히 바라는 미래를 요약하여 반복적으로 매일 일기로 쓰는 일은 미래기억에 저장된 목표를 성공행동으로 옮기는 효과적인 방법이다. 성공한 미래를 반복해서 적으면서 그렇게 될 거라고 스스로를 세뇌시키다 보면 마음은 그 미래가 성공한 자신의 것으로 믿는다.

미래일기를 쓸 때 가능하면 시간과 장소를 구체적으로 나타나게 해야 하고, 소리와 냄새, 색깔과 감촉 등 까지 자세히 묘사해야 한다.

성공자 파티

성공자 파티는 미래의 목표를 지금 성취한 것으로 미래를 앞당겨 지금 벌이는 축하행사다.

미래의 성공 사업가 파티, 교수 파티, 의사 파티 등등 이름 붙이기에 따라 파티 내용은 다양하다. 미국에서는 성공학에 심취한 사람들끼리 모여 '미래의 백만장자 칵테일파티'를 연다고 한다. 최고 자선가 파티도 열어보자.

성공 편지

성공편지 보내기는 각종 시험에 응시하기 전에 합격했다는 편지〈예를 들어 3월 5일에 편지를 보내면서 "아버지, 저는 9월 10일 시험에 합격했습니다."를 미리 보냄으로서 마음속에 자리 하고 있을 수 있는 갈등이나 실패의 우려를 완전히 없애버리는 방법이다.

위 외에도 각자는 자신이 만든 목표성취를 위해 자신에게 맞는 열정과 성공확신을 이끌어 낼 수 있는 다양한 기법을 개발하여 사용할 수 있다.

▶ **이 단원의 교훈**

장기적인 목표를 전두엽에 확실히 기억시키고 시각화함으로서 조그만 실패나 실수에 연연하지 않게 된다.
100m 경주에는 출발시각이 성적을 절대적으로 좌우하지만 마라톤에서는 중간 중간에 나타나는 작은 실수는 전혀 성적과 무관하다.

7. 믿 음

　일요일 오후 연석은 경서에게 가까운 서점으로 가서 책을 사오라며 목록을 적어준다.
　30분이면 끝낼 심부름인데 두 시간이 되어도 돌아오지 않자 연석은 걱정이 되어 서점으로 나간다. 저만치서 경서가 다리를 절뚝거리며 오는 것이 보인다.
　경서는 심부름을 마치고 빨리 집에 오려다 서점 앞 턱에 넘어져 무릎을 다치고 약국에서 약을 바른 뒤 집으로 오는 길이란다. 연석은 괜한 심부름을 시켜 다치게 해 미안하다며 경서를 위로했다.
　"선생님. 제 잘못이에요. 오늘은 이상하게 자꾸 마음이 급해지고 불안한 생각이 들더니 결국 다치게 됐나 봐요." 기특하게도 경서는 오히려 연석을 위로하려든다. 연석은 오늘 불안한 생각이 들더니 다쳤다는 경서의 말에 마음이 쓰인다. 집에 돌아와 잠시 쉬고 난 뒤 연석은 아이들에게 믿음에 대해 이야기를 한다.

　사람은 하루에 수만 가지를 생각하고 행동하며 살아간다. 그 많은 생각 중에는 긍정적 생각과 부정적 생각이 뒤섞여 있겠지만 누구나 행동을 할 때는 어떤 내용이든 잘 될 거라는 긍정적 믿음을 갖고 시작한다.

다리를 건너면서 다리가 무너질 거라는 생각이 들면 다리를 건널 수 없고, 뛰어가면서 넘어질 거라는 생각이 들면 뛸 수 없겠지. 내일 아침에 일어나지 못한다고 생각하면 잠을 잘 수 없고, 지붕이 무너져 내린다고 생각하면서 방안에 그대로 앉아있을 순 없다.

그런 일상적인 것 뿐 아니라 소풍이나 놀이기구타기, 등산이나 골프, 축구, 야구, 씨름 등의 운동, 자동차나 기차, 비행기를 타고 여행을 하는 모든 시작은 분명 그 일이 잘되고 바라는 대로 이루어지리라는 믿음을 가지고 한다.

다리를 건널 때는 다리가 무너지지 않으리라는 믿음, 뛰면서는 넘어지지 않으리라는 믿음, 편안히 잠을 자고 내일 아침에 일어난다는 믿음, 방안에 있을 때는 지붕이 무너지지 않으리라는 믿음을 갖는 것이다. 여행이나 소풍, 운동을 시작하기 전에, 불길한 예감이 들 때, 사람들은 엉터리인줄 알면서도 꿈 해몽가의 말을 듣거나 점이라도 보아 그 불길함을 떨쳐버리고 긍정심을 되찾은 뒤 행동에 나선다. 대개 믿음은 바라고 생각하는 것에서, 경험에서 나오는 예감이나 기대, 믿고 싶어지는 마음에서 생긴다.

믿음은 자신의 내부적인 생각에서 생기거나 생각을 믿음으로 바꾸는 외부 현상에서 일어난다. 의심과 같은 불순물이 섞이거나 쉽게 의심이나 걱정으로 오염되는 믿음도 믿음이라 하지만 그런 믿음은 힘이 없고 진정성도 없다.

그러나 마음을 움직일 외부현상(증거)이 있어 그것을 근거로 생긴 믿음은 특별히 다른 강력한 반대사정이 없는 한 의심이나 걱정은 그 믿음을 이기지 못한다. 우리의 삶은 긍정적인 믿음 위에서 계속 성공 하면서 이루어지는 것이 세상 이치다.

 긍정적인 믿음에 따라 행동한 것이 결과적으로 긍정적 믿음대로 되지 않고, 실수나 실패로 나타날 수 있는 것 또한 비정상적이지만 세상의 이치다. 그런데 경서가 말하듯 부정적 생각이 들더니 결국 잘못된 일이 일어났다는 말에서 깊은 의미를 새겨보아야겠다. 긍정적 생각으로 행동을 해도 부정적 결과가 나타날 수 있는 것이 세상 이치인데 하물며 부정적 생각을 하면서 행동 했다면 부정적 결과가 나타나는 것은 어쩌면 너무나 당연한 것이 아니겠는가.

 그러니까 무슨 일이든 부정적 생각을 하면서 해서는 안 된다. 만일 행동하기 전에 부정적 생각이 들었다면 우선 느긋하게 시간을 두고 감정을 다스려 긍정적으로 생각이 바뀐 뒤에 행동할 일이다.

 긍정이란 미래가 결코 걱정스럽지 않으며 행동의 결과가 좋고 잘 될 것이라고 믿는 생각이다.

 사람들은 대체로 두 가지 방식으로 세상을 살아간다. 긍정적 세계관은 세상을 살기 좋은 곳으로 보고 주변 사람이나 환경에서 좋은 점을 찾으며 자신에게 잘 될 수 있는 많은 기회가 있고 또 그것을 잘 활용할 수 있는 능력까지 자신에게 있다고 믿는 긍정적인 삶의 방식이다.

 부정적 세계관은 자신의 타고난 조건이 너무 나빠 아무리 노력해도 좋은 조건을 타고난 사람을 따라잡을 수 없다고 믿으며 불평과 불만으로 앞은 내다보지 아니하고 과거를 후회하며 살아가는 부정적인 삶의 방식이다.

우리의 생각과 태도는 삶을 상반된 두 가지 방향으로 구체화하는 힘을 가지고 있다. 하나는 두려움으로 자신을 제약하며 궁지에 몰아넣는 파괴적인 방향이고, 다른 하나는 가능성과 행동의 자유를 열어 놓는 건설적인 방향이다.

항상 즐거운 일만 생각하면서 즐겁게 행동하면 즐겁고 힘센 에너지가 만들어지지만 괴롭다, 슬프다고 체념하면서 어깨를 축 늘어뜨리고 다리를 질질 끌며 행동할 때 몸과 마음은 곧 바로 피로를 느끼고 힘이 빠져 그 자리에 주저앉고 만다.

다 같이 건강한 사람이라도 기분이 좋아지게 하는 대본으로 연기를 한 연기자들은 면역체계가 건강하여 면역세포는 풍성하고 활기가 넘치지만 하루 종일 우울한 대본으로 연기를 한 사람들은 면역반응이 현저하게 떨어졌다고 한다.

생각은 감정에 따라 움직인다. 부정적인 감정 상태인데도 생각만 긍정적으로 갖자고 생각하고 노력해도 아무 소용이 없다.

뇌는 한 번에 한가지의 생각만 하고 감정을 느끼기 때문이다.

'긍정적인 생각을 하자' 는 말에는 나는 부정적인 생각을 한다는 전제가 깔려 있음을 명심할 일이다. 어찌보면 긍정은 필요하여 우리가 가져야 할 생각이 아니라 삶의 주인으로서 반드시 갖고 있어야 할 필수품이다. 부정적인 생각이 날 때 우리는 먼저 부정적 생각과 감정을 콘트롤하여 긍정적인 쪽으로 물길을 돌릴 수 있어야 한다.

긍정적인 사람은 하루하루 살아가면서 여러 가지 어려운 문제를 만나도 긍정적이고 건설적으로 해결책을 생각하고 대응하면서 그 문제에 대한 자신의 해결능력을 믿을 뿐 아니라 감정을 조절해 가며 행동한다. 현실적 낙관성은 세상을 있는 그대로 보면서 원하는 결과나 해결책을 향해 능동적으로 움직이는 사람들의 본성이다.

어떤 사람은 자신의 무능력을 검증도 없이 그냥 인정함으로서 너무 쉽고 빠르게 자신을 평가 절하하고 폐기처분 하여 부정적인 늪에서 계속 헤맨다.

자신의 가치를 비하하는 백해무익한 부정적 믿음의 실제를 보면 대부분 자신에게 부딪히는 문제와는 전혀 상관없는 경우다.

그런데도 사람들은 자신을 옥죄는 부정적 정보에 기초한 부정적인 요소들을 스스로의 신념체계에서 진정한 것으로 만들어 믿고는 자신을 옴짝달싹 못하게 하는데 너무 익숙해져 있다.

현대인은 근심 걱정과 불안으로 가득 찬 시대를 살면서 상상 가능한 모든 위험에 초조해 하고 자신이나 주변에 담장을 둘러쳐 현실적으로 나타날 것으로 보기에는 너무나 비실체적인 위협에 항거하며 행복한 시간의 몇 배나 되는 시간을 두려움을 만들어 그 안에 갇혀 살아간다.

대부분의 걱정은 어떻게 손쓸 도리가 없는 것이고 어떤 걱정에 대하여는 스스로 통제력을 행사할 수도 없을 뿐 아니라 걱정했던 일이 실제로 상상했던 것만큼 끔찍한 경우도 거의 없다는 것이 객관적으로 증명되고 있다.

그런데도 세상에는 일부러 걱정을 만들며 사는 중증 걱정환자들로 가득하다. 그들은 하는 일마다 그 일에서 일어나지도 않을 모든 걱정거리까지 미리 만들며 살아간다.

걱정중독자들이 이런저런 걱정들을 만들고 그 속에 갇혀 헤어나지 못할 동안 긍정적인 행동가는 같은 환경에서 벌떡 일어나 적극적으로 문제를 해결해 나가면서 행복하게 살아간다.

걱정은 쉽게 결정하지 못하여 마음속에 두려움이 계속되고 있는 정신상태로서 사람은 부모에게서 걱정을 배우고 이를 반복함으로써 습관적인 걱정 꾼이 된다. 걱정은 신체의 면역체계를 교란시켜 감기나 독감은 물론 치명적 질환에 이르는 온갖 질병에 취약한 몸으로 만든다.

"우리 삶은 우리를 지배하고 있는 생각을 따라간다. 기쁨과 평안, 승리, 풍요, 복이 우리의 생각을 지배하고 있으면 그런 긍정적인 요소들과 우리 삶은 자석처럼 서로 끌어당긴다. 비관적인 생각을 할 때마다 부정적인 방향으로 향하는 물살은 점점 빠르고 거세지다가 급기야 혼탁한 강줄기로 흐르게 되어 영영 부정적인 사고 패턴으로 굳어버리는 것이다. 항상 좋은 감정으로 마음을 가득 채워야 한다. 마음은 우리가 입력한 대로 움직이기 때문이다." 〈긍정의 힘〉

긍정적인 생각이나 감정은 우리에게 무엇을 해야 할지를 알려주고, 부정적인 생각이나 감정은 우리가 무엇을 하지 말아야 할지를 알려주는 신호로 작용한다.

그러나 부정적 생각을 갖는 사람은 찾아 온 기회를 장애로 바꾸고 자신 앞의 모든 문제를 부정적 시각으로 보아 일을 성취할 수 있는 확실한 방법보다는 일이 성취되지 않을 이유의 근거부터 먼저 찾아내고, 새로운 아이디어를 생각하여 해결책을 모색하기보다는 안 될 것이라는 결론을 먼저 내놓고 문제거리만 계속 머릿속에 쌓아 놓는다. 부정적인 사고는 감염률이 높은 병이다. 상심에 빠져 있는 부정적 사람에게는 미래가 호의적이라는 밝은 메시지보다 미래가 매우 어둡다는 메시지를 더 잘 받아들여 곧바로 주위에 전파시킨다. 계속 세상을 색안경을 끼고 보면 생각을 관장하는 뇌까지 부정적 기분을 지속시키는 쪽으로 움직이고 결국은 부정적 사고와 행동이 습관으로 되어 버린다.

"과학자들은 모든 사람의 몸에서 매일 암세포와 암 살해 세포가 함께 자란다는 사실을 발견해 냈다. 연구에 따르면 두려움과 걱정, 근심, 스트레스 등의 부정적 감정은 암 살해 세포를 파괴하고, 행복하고 긍정적인 태도를 가진 사람, 항상 웃고 사는 사람의 몸에는 정상인보다 많은 암 살해 세포가 생성된다고 한다." 〈긍정의 힘〉

긍정적 사고는 거대한 에너지를 방출한다. 에너지는 재미있거나 즐거운 일에 대한 소망에서 자연적으로 발생되기 때문이다.

"학교에서 축구연습이나 혹은 다른 운동을 마치고 집에 와서 소파에 털썩 앉아 '너무 피곤해서 공부를 못 하겠다'고 말하는 십대 소년을 본적이 있는가. 지치고 기진맥진하여 아무런 힘이 없는 상태이지만 여자 친구가 차를 몰고 지나가며 클랙슨을 울린다고 가정해 보라. 그는 자리에서 벌떡 일어나 현관문을 열어놓은 채 자동차로 달려간다. 자신이 지친 상태라는 걸 떠올릴 시간 따위는 없다. 여자 친구와 한동안 드라이브를 한 후 다시 명랑해져서 집으로 돌아온다. 그는 하고 싶은 일을 할 에너지가 있었다는 사실을 알게 된다."〈습관을 이끄는 힘〉

부정적 감정 상태에 있는 사람이 탁월한 능력을 발휘하는 경우는 드물지만 가장 풍부한 긍정적 감정 상태로 되면 말 그대로 기적 같은 일도 해낼 수 있다. 사람이 한 행동의 결과는 능력의 결과가 아니라 순간순간 그의 감정이 만든 결과이기 때문이다.

정상인은 매스컴을 통해 질병에 관한 정보를 수시로 접하고 자기도 모르게 끊임없이 상상하고 그 정보를 믿는 탓에 암 같은 중병에 걸리는데 반해 정신병자들은 그런 질병이 있는지 조차 모르고 의식적이든 무의식적이든 그 질병을 상상하거나 걱정 하지 않아 치명적 질병에는 잘 걸리지 않는다.

부정적 생각에 빠지게 되면 끝내는 부정적 생각이 우리 마음의 열쇠를 차지하여 우리의 의지와 상관없이 다른 부정적 생각까지 데리고 와서 우리를 송두리째 파괴한다.

흔히 우리는 믿는 대로 된다, 꿈꾸는 대로 된다, 말하는 대로 된다고 책에서 읽고 막연히 그런 주장들이 사실이라고 믿는다.

그러나 사람들이 한 단계 더 성공하고, 한 계단 더 승진하고 가진 것의 두 배를 더 갖고 싶어 그런 것들이 이루어지기를 바라면서 이루어진 것으로 믿고, 실현된다고 꿈꾸고 매일같이 소망을 반복하여 소리친다하여 그것만으로 그가 바라는 대로 이루어진다고 진짜 믿는 사람은 거의 없다.

2002년 월드컵에서 한국의 4강 신화를 설명할 때 온 국민이 열망하고 꿈꾸었으므로 이루어진 것이라고 말하는 사람들이 있다. 모든 운동선수들이 시합에 나가면서 자기가 우승하여 시상대 맨 꼭대기에 서 있는 상상을 하고 그것을 믿고 꿈꾸었기에 실제의 시합에서도 우승했다고 이야기하는 사람들도 있다.

우리 국민은 2002년 월드컵 때만 4강을 염원하였고, 다른 월드컵에서는 4강을 꿈꾸지 않아서 4강에 이르지 못했단 말인가. 결승전에서 시상대 맨 꼭대기에 서있는 자신을 보고 꿈꾼 사람은 모두 우승했단 말인가. 어떤 운동경기이건 간에 그 시합의 결승에 나선 선수들은 누구나 자기가 상대방을 이기고 우승컵을 들고 있는 상상을 하지 않는 경우는 없다. 그렇다고 성공이나 승리에 대한 열망과 믿음이 성공에 아무런 보탬이 되지 않는다고 말하는 것은 결코 아니다.

"러시아 슈퍼헤비급 역도선수인 바실리 알렉세예프는 매번 기록을 경신하는 선수였다. 그의 신기록 행진은 *250kg*에서 멈췄다. 의사와 학자들은 *250kg*은 그의 한계라고 여겼다. 역기 위에 *251kg*을 올려놓고 *249.5kg*이라고 하면서 들어 올리라고 하자, 그 사실을 모르고 있던 알렉세예프는 그 *251kg*을 번쩍 들어올렸다." 〈된다. 된다. 나는 된다.〉

믿음에는 태산도 움직일만한 큰 힘이 있다. 그러나 여기 그런 큰 힘을 나타내는 믿음은 그냥 바라고 확실히 꿈꾸는 것을 모두 말하는 것이 아니라 반드시 근거 있는 믿음, 즉 성공습관에 따른 확신이라야 한다는 말을 분명히 하고 싶다.

예수님도 "너희는 포적과 기사(기적)를 보지 못하면 도무지 믿지 아니 하니라"고 말하고 있다.〈요한복음 4-48〉

믿음을 뒷받침하는 증거가 있는 믿음, 특히 성공습관이 되어 있다면 관련된 믿음의 강도는 한층 강해진다.

사실 모든 장애와 방해물은 우리 마음속에서부터 생긴다. 자신의 믿음을 확인시켜주는 증거나 근거를 찾는 것은 현재의 믿음을 고수하는 중요한 수단의 하나다.

사람은 어떤 판단을 내릴 때 긍정을 위한 검증 전략을 쓴다. 특정한 문제에 대해 부정이 아닌 긍정의 측면에서 증거 찾기를 좋아하는 것이다.

원하는 바를 믿기 위해서는 마음속으로 의심하지 않아야 한다. 의심을 없애는 가장 좋은 방법이 바로 증거를 찾는 것이다. "이제 확실히 믿는다. 증거가 있으니까."

마시멜로 이야기에서 눈 앞의 작은 만족을 뿌리치고 인내한 어린이가 가치 있는 훌륭한 사람으로 성장했다는 통계자료는 믿음의 효과에 대한 명백한 증거를 우리 앞에 제시한다.

그런데 돈 1억 원을 번다고 아무리 굳게 믿어도 반드시 1억 원을 벌지 못한 경우가 많은 반면 보상이 있다고 믿고 유혹의 마시멜로를 먹지 않고 참고 견딘 그 어린이들의 믿음은 결국 바라는 결과를 갖게 한 차이점은 어디 있을까.

　1억 원을 버는 믿음은 자기 마음 밭에서 모두 해결될 일이 아니어서 아무리 믿는다, 믿는다 하면서도 정말 그렇게 될까. 진짜 1억 원이란 돈을 벌게 될까하는 부정적인 의심의 씨앗이 믿음을 헤집고 다니지만, 인내하여 성공을 바라는 믿음은 자신의 마음 밭이 바로 믿고 그것을 행함으로서 믿음이 생겨 그곳에는 부정적인 의심의 씨앗이 자랄 수 없었기 때문이리라.

　마스코트, 네잎 클로버, 부적 등 세간에는 행운을 가져오는 물건으로 믿는 것들이 많다. 사실 그 자체에는 아무런 생명력이 없다. 그것을 누구나 알고 있다.

　그러나 사람들이 일단 그것에 힘이 있다고 믿기 시작하면 마음은 거기에 생명을 불어넣는다. 그 물건에 힘이 있는가, 없는가가 문제가 아니라 마음 밭에서 어떤 사실을 믿게 되면 그 믿음에서 힘이 나오는 것이다.

　어떤 일을 시작할 때 그것이 이루어지리라고 하는 믿음이 있는 경우와 그런 믿음이 없는 경우에 성취도에서 많은 차이를 가져오는 것은 대부분의 사람들이 경험한 일이다. 어떤 믿음도 그것이 긍정적인 것이면 성취에 탄력을 더해 주고 기대감을 높여 성공을 거두는데 일조하는 것은 사실이다.

　"바뀔 수 있다고 믿는다면 그 사람은 바뀐다. 그러므로 반드시 바뀐다고 믿어라."는 것이 변화를 추구하는 사람이 가야할 지름길이

자 정답이다. 마음속에서 단단히 믿으면 믿은 대로 성취할 수 있다는 말은 진실이다. 마음속에서 깊이 성취를 믿는 사람은 자신이 선택한 그 믿음이 가장 좋은 방법으로 목표를 성취하게 할 것이라는 사실까지 믿는 것이다.

"인간은 믿음을 구하는 동물이다. 우리는 무언가를 믿고 싶어 한다. 우리가 할 수 있는 최선은 그 믿음을 뒷받침해 주는 증거의 신뢰도에 따라 믿음의 강도를 조절하는 것이다. 인간의 본성 속에는 자신이 가장 모르는 영역에서 가장 강한 믿음을 갖는 역설적인 면이 있다. 우리가 믿음을 원하는 이유는 삶에 확실성을 바라기 때문이다." 〈생각의 오류〉

플라시보 효과란 프랑스의 학자 에밀쿠에가 발견한 것으로, 아무 효과도 없는 약이지만 환자가 특정 질병의 치료에 효과를 나타내는 약이라고 믿고 복용했을 때 실제 치료 효과가 나타나 병이 낫는 현상을 말한다.

"인간이란 누구나 자기가 한 말의 암시에 걸리게 된다. 아름답지 않은 여성이 아름답다는 말을 들으면 정말로 아름다운 표정을 짓기 위해 노력 하게 될 것이다. 놀랍게도 생각을 바꾸면 말이 바뀌고, 나아가 나와 관계되는 모든 것들이 긍정적으로 바뀐다." 〈마음을 다스리는 기술〉

희망은 가장 강력한 플라시보효과의 하나로서 긍정적으로 될 것이라고 믿는 것이 희망이다. 희망은 실현 가능성이 적더라도 그와 상관없이 바라는 상태로 된다는 믿음이다.

원하는 것을 이미 내가 가지고 있는 척이라도 계속 하다보면 점차 정말로 이미 가진 것으로 믿기 시작한다. 소원이 어떤 방식으로 이루어질까를 알 필요는 없다. 어떻게 이뤄질지 알아내려고 애를 쓰면 쓸수록 믿음이 부족하다는 신호를 뇌에 보내는 것이 된다. 이루어졌다고 믿지 않는 의심은 실망을 낳는다.

"*심장마비 초기 증세를 경험한 122명을 대상으로 낙관주의와 비관주의를 평가한 조사가 있었다. 8년 후 가장 비관적인 평가를 받았던 사람들 25명 가운데 21명이 사망했고, 가장 낙관적인 평가를 받았던 25명 중에서는 단지 여섯 명만 사망했다. 이는 심장마비 증세로 인한 심장 손상, 동맥경화, 높은 콜레스테롤 수치, 고혈압을 포함한 그 어떤 의학적 위험 요인보다 그들의 정신적 관점이 생존을 더 잘 예고해 주었음을 나타낸다.*" 〈EQ감정지수〉

'믿음이란 의심이라는 부정적 감정을 없애버린 용감한 결단'이라고 할 수 있다. 무조건 믿으라는 것으로는 부족하다. 무언가를 믿을 수 있을지 없을지에 대하여 조금이라도 의심하면 그와 동시에 믿음은 무너진다. 강하게 원하는 믿음과 강한 의심은 충돌하여 서로의 힘을 상쇄하여 아무런 믿음도 없게 만든다.

무언가를 강하게 믿는것 만으로 성공은 오지 않는다. 또 믿음의 힘은 그 안에 의심이 없어야 하고 조그마한 의심이라도 생기면 그 의심까지 완전히 없애버려야 한다. 대부분의 경우 우리는 믿는다 믿는다 하면서도 의심의 틈을 가지고 제한적으로 믿는 것이다.

제한적 믿음이란 믿음 안에서 반복하여 의심이 발생하는 결과적으로는 부정적인 믿음이다. 목표를 성공하려면 아무리 작은 의심이라도 모두 없애야 한다. 의심을 없애는 가장 좋은 방법은 믿음에 대한 확실한 근거 즉 명백한 믿음의 증거를 갖는 것이다.

성공, 반복성공은 성공한다는 믿음의 가장 핵심적이고 명백한 증거다. 성공을 믿게 되는 확실한 증거를 갖게 되면 단단한 반석 위에 지은 견고한 집과 같이 목표에 대한 성공의 확신은 조금의 의심이나 흔들림도 없게 된다.

영국의 유명한 의학자 A. 캐논 박사는 말한다.

"현재로서는 절단한 부위에서 다시 새로운 살이 돋아나도록 할 수 없으나, 인간이 그 일이 가능하다는 것을 부정하지 않는다면 오래지 않아 그렇게 될 것이다. 만일 마음 깊은 곳에서 즉 잠재의식 속에서 그것이 가능하다고 믿기만 하면 게에 새로운 집게발이 돋아나듯 인간의 잘린 발에서도 새로운 발이 돋아나게 될 것이다." 〈신념의 마력〉

근거 있는 믿음, 성공습관은 일의 성공적 결과를 믿도록 미리 확실히 해 주는 강력하고 유일한 마음 작용이다.

누구든 미래를 소유하지 못한다. 앞으로 무슨 일이 일어날지 결코 확신할 수 없다. 그것이 현실이다. 누구에게나 미래에 대해서는 어쩔 수 없는 최소한의 의심이 존재할 수 있다.

그러나 성공습관에 의한 확신은 모든 행동, 모든 사고, 우리가 경험하는 모든 느낌에 대하여 "나는 그것을 해내었고 또 해낸다"는 움직이지 않는 믿음을 생기게 한다.

확실한 근거를 가진 믿음에 강력한 힘이 있고 그런 강한 힘이 있는 사실까지 믿으면 힘의 발동은 두배가 된다.

이길 것으로 확신하는 사람은 어떤 경우에도 확실한 승리를 쟁취하기 위해 남들보다 몇 배나 더 노력한다. 그리하여 이기는 자는 더 자주 이기고, 부자는 더욱 큰 부자가 되며, 성공 자는 거듭거듭 성공자의 삶을 살게 된다.

우리가 과거 어떤 실패를 했고, 어떤 부정적 경험이 있을지라도 이제 새로운 성공습관으로 앞을 내다보고 미래를 향해 원대한 일에 도전하는 성공의 확신으로 살아야 한다.

성공습관의 긍정적 근거까지 있는 믿음, 확신의 단계에 이른 믿음이라면 바라는 일을 언제나, 반드시 성취하는 기적까지 이루어 낸다는 것이 내 생각이다. 과학적 사고에서는 사람의 모든 판단, 평가에는 근거를 필요로 한다.

공부를 잘한다고 말하려면 시험에서 계속 100점을 받은 증거, 등산을 잘한나고 하려면 등산대회 수상경력을, 용한 짐쟁이는 몇 번이나 점괘가 맞아 떨어진 증거가 있어야 하는 것이다. 경험주의,

합리주의적 사고에 젖어 있는 우리는 믿는다 하고서도 근거가 없으면 의심한다.

근거가 있는 믿음, 증거에 의해 믿게 된 믿음은 마음 작용에서 그것이 옳다는 긍정적 평가를 확실히 함으로서 믿음의 근거를 확인하고 믿음의 강도를 높여 결국 한치의 의심까지도 떨쳐버린 참 믿음의 단계에 이른다. 확신은 믿기로 한 것에 일치하지 않는 정보는 의심이든, 부정적 예감이든, 어떤 것이라도 증거를 들이대며 잘라 없애거나 무시해 버린다.

근거 있는 믿음, 확신은 어디에서 오는가. 확정적인 목표를 정하고 성공한 근거를 가지고 시각화를 계속할 때 생긴다. 극단적 이단종교의 교주가 신도들을 최면에 걸듯 맹목적인 확신을 갖게 하여 갖가지 불법행위를 저지르다가 사회 문제가 되는 경우를 자주 본다.

그러나 그런 이단종교 신도들이 갖는 확신은 맹목적 확신으로서 근거를 가진 확신이 아니다. 확신이란 믿음에 의심이나 의문을 완전히 없애버린 순수하게 신뢰하는 정신 상태다.

언제, 어디서나, 누구에게도 그 믿음만이 진정하고, 그 믿음이 부정될 것이라는 단 한 점의 의심도 갖지 않는 단계의 믿음이 신념이요, 확신의 단계에 이른 참 믿음이다. 성공에 성공을 거듭하여 성공을 위한 신경회로가 계속 튼튼해져서 끝내는 의심이 침입할 수 없을 정도로 금강석 같이 단단한 성공의 신경묶음이 만든 성공습관은 성공을 확신한다.

성공확신을 가지면 성취활동을 시작할 때부터 그 일이 성취될 때까지 신경회로는 단 한 번의 쉼도 없고 단 하나의 오차도 없이 성공의 길로 질주한다. 사람은 호흡보조 장치 없이는 물 속에서 2분을 버티기 어렵다. 그런데 수중 발레리나나 해상구조대원 같이 물 속에서 활동해야하는 사람은 숨을 오래 참고 견디는 훈련을 한다. 처음 2분을 참는 연습에서 성공한 사람이 훈련을 계속하여 3분, 4분, 5분까지 참는데 성공했다면 그 사람이 어떤 사고로 물 속에 잠겼을때 아마 6~7분까지도 그의 성공습관이 생명을 유지해 낼 것이다.

"미국에서 일어난 일이다. 닉은 잘못하여 작업장 빈터에 수리 차 세워놓은 냉동차의 냉동고 안에 갇히고 말았다. 겁이 많은 닉은 문을 마구 차며 소리를 질렀으나 소용이 없었다. 목소리는 점점 가라앉고 손에서는 피가 났다. 닉은 얼어 죽는다고 생각하고 메모지를 찾아 벌벌 떨면서 부인과 가족에게 간신히 한자 한자 편지를 적어 내려간다. 다음날 수리인부들은 냉동고의 육중한 문을 열고 닉의 시체를 발견했다. 부검 결과는 동사였다. 그런데 냉동기능이 고장난 냉동고 안의 온도는 섭씨 영상 16도였다." 〈무지개 원리〉

콜린스는 냉동이 가동되는 섭씨 영하 15도의 냉동고에 갇혔다. 콜린스는 12시간이 지나야 작업인부들이 출근하여 외부에서 자신이 갇힌 냉동고 문을 열어 줄 수 있을 뿐 그 냉동고는 안에서는 절대 열 수 없는 사실을 알고 있다.

　콜린스는 특전사 출신으로 혹한 훈련을 마친 에비역 장교로서 영하 5도에서 시작하여 영하 12도에 이르기까지 또 1시간에서 시작하여 8시간까지 버티기에 성공한 사람이다.

　평소 훈련을 할 때는 밖에서 자신의 목숨을 담보해 준다는 믿음을 갖고 훈련을 하였지만 지금은 내일 날이 밝을 때까지 12시간 동안 아무도 자기 생명을 보장해 줄 수 없는 사실을 잘 알고 있다. 그는 훈련 때보다 더 큰 성공을 위한 믿음이 필요하였고, 스스로 에너지를 적게 쓰는 방법을 모두 동원하면 살 수 있다고 믿는다. 그리하여 그는 생애 처음으로 사투 끝에 영하 15도에서 12시간을 버텨내었다. 이튿날 동료들이 냉동고 문을 열었을때 그는 기절해 있었으나 맥박은 뛰고 있었고 응급처치 후 생명을 건졌다.

　앞에서 예를 든 냉동기사 닉은 영상 16도의 고장 난 냉동고 안에서도 동사할 것이라는 부정적 믿음 때문에 믿은대로 동사했지만 콜린스는 닉과 달리 긍정적인 성공습관에 따른 믿음 덕분에 살아난 것이다.

　"마시멜로 실험 연구는 1960년대에 스탠퍼드대학교 내 유치원에서 심리학자 월터 미셸이 시작했고, 피험자들은 주로 스텐퍼드 대학교 교직원, 대학원생, 기타 고용인의 자녀들로 당시 네 살이던 이 아이들이 고등학교를 졸업할 때까지 추적했다. 힘든 기다림 속에서 자신을 다잡기 위해 아이들은 눈을 감아 유혹하는 마시멜로를 쳐다보지 않으려 했고, 머리를 팔에 묻었다. 혼잣말을 하고, 노래를 부르거나 손과 발로 놀이를 했고, 심지어 잠을 자려고까지 했다. 조금 충동적인 아이들은 실험자가 잠시 방을 떠난 지 몇 초도 안 돼 한 개의 마시멜로를 거머쥐었다. 네 살 때 유혹에 저항한 아이들은 청소년이 된 때 사회적으로 훨씬뛰어났다. 능력이 있고, 자기 확신도 있었으며, 인생의 좌절에 훨씬 잘 대처했다. 그들은 자제심을 잃거나, 스트레스를 받아 퇴보하거나, 압력을 받아 당황하거나, 혼란에 빠질 가능성이 훨씬 적었다. 그들은 어려움에 직면해도 포기하는 대신 도전을 받아들이고 도전을 추구했다. 10년 이상 지난 뒤에도 그들은 여전히 자신의 목표를 추구하면서 만족할 수 있었다. 곧바로 마시멜로를 먹었던 3분의 1가량의 아이들은 상대적으로 이런 자질이 훨씬 적었고, 반대로 문제를 일으킬 만한 심리적 특성을 갖고 있었다. 좌절에 쉽게 당황해버리고, 스스로를 가치가 없다고 생각하고, 스트레스로 인해 퇴보하거나 고착돼버리며, 믿음이 적고 충분히 얻지 못한 것에 대해 화를 내며, 질투심과 시기심이 많은 편이고, 세월이 흐른 뒤에도 여전히 만족하지 못했다. 마시멜로를 곧바로 집어든 3분의 1가량의 아이들과 참고 기다렸던 3분의 1가량의 아이들은 평균 언어와 수리 성적에서 210점이나 차이가 났다."〈EQ감성지능〉

　　마시멜로 실험에서 '인내하기'에 성공한 4살짜리 아이들은 그때의 성공을 이어받아 계속된 인내의 성공으로 성공습관을 갖게 되었고, 그 성공습관은 그들의 인내심에 긍정적 확신을 주었다.

자전거 타는 법을 배울 때 처음에는 뒤에서 잡아줘도 여러 번 넘어지다가 어느 순간 갑자기 균형이 잡히고 앞으로 나아가는 방법을 터득하여 성공한다. 다음번 탈 때에는 그 기술을 새로 다시 배울 필요조차 없다. 이미 습득한 기술을 믿고 탈 수 있다고 스스로 확신함으로서 그의 성공습관이 더 이상 넘어지지 않게 한 것이다.

사람은 왜곡과 발명에 능하기 때문에 믿음을 형성하기 위해 이용할 수 있는 근거에는 제한이 없다. 그러나 우리가 이용할 수 있는 가장 전형적이고, 바람직한 근거가 성공습관이다.

도저히 성공이 불가능하다고 생각하고 그 불가능함을 알고도 성공한다고 믿으면서(착각하면서) 도전하는 사람은 백전백패다.

그러나 어떤 경우에도 믿음은 믿음에 대한 어느 정도의 보상은 얻는다. 점쟁이 말을 믿고 정신적인 위안을 받는 경우도 있다.

믿음은 성공의 밑거름이요 성공의 지름길로 안내하는 똑똑하고 확실한 길잡이지만 믿는데로 성공되어지는 것은 아닌 것이다.

"한국 여자골프 선수와 러시아 테니스 선수의 약진을 보여주는 것은 선천적인 능력이나 유전자가 아니라, 작고 순간적이지만 강력한 생각이다. '나도 저렇게 되고 싶다' 라는 하나의 생각으로 구체화된 것이다." 〈텔런트코드〉

끌어당김의 법칙을 말하는 사람은 "내 집을 갖고 싶다고 말하면 그 순간 끌어당김의 법칙이 작동하여 집을 가지는 데 도움이 되는 쪽으로 모든 상황이 돌아가기 시작한다. 대부분의 사람들은 나는 집을 장만할 돈이 없다고 말함으로써 꿈이 이루어지는 것을 스스로 방해한다. 그렇게 말하는 순간 결핍감이라는 감정과 진동이 발산되고 끌어당김의 법칙 역시 거기에 맞게 움직인다"고 한다. 그러나 특별한 관심이나 의지의 집중, 열정은 성취(성공과정)의 후원자일 뿐 그것만으로 바로 성취가 이루어지는 것은 분명 아니다.

사람은 스스로 약하다고 생각하기에 무엇이라도 믿고 싶어 한다. 물에 빠진 사람이 지푸라기라도 잡으려 하듯 믿음은 한다, 못한다, 된다, 안 된다는 생각에 앞서 사람의 본능적인 생활습관으로서의 판단작용이고 삶의 한 방식이다.

그처럼 믿음은 사람의 본능적이고 원초적인 것으로서 누구도 그 믿음의 힘을 부정할 수는 없다. 근래 수 없이 쏟아져 나오는 자기계발서는 믿음을 성공의 만병통치약으로 그리고 있다. 모든 사람에게 믿는 대로 된다, 생각하는 대로 된다, 꿈꾸는 대로 된다, 간절히 꿈꾸는 모든 것은 이루어지게 되어 있다는 사실을 믿으라는 것이다.

바라는 일을 하루에도 수 십 번씩 종이에 적고, 또 읽고 소리 내어 외치면 원하는 것이 자동적으로 이루어진다는 것이다. 부자가 되고 싶다. 돈 1억 원을 벌고 싶다고 쓰고 외치고 믿으면 반드시 부자가 된다는 것이다.

돈 1억 원을 번다고 하루에 수 십번, 아니 수 백번씩 글로 쓰고 읽고 외쳐라. 수첩에 적어 놓고 책상 앞에 붙여두고 핸드폰에도 저장해 두고 하루에도 수 십번씩 보고 읽으며 부자가 되고 1억 원을 번 자신의 사진을, 자기가 1억 원 수표의 수취인으로 적거나 벤츠를 타고 호화별장의 주인으로 영상을 만들어 매일 수 십번씩 상영하면 부자가 될 수 있는 환경, 1억 원을 벌 수 있는 환경이 만들어지고 어떤 경로이든지 간에 심지어 1억 원 복권에 당첨되어서라도 1억 원을 벌 수 있게 된다는 것이 그들의 설명이다.

부자가 되고 돈 벌기가 미친듯이 쓰고, 외치고 하는 방법으로 쉽게 된다면 세상 사람들 거의가 지금은 부자가 되어 있어야 한다. 그런데 현실은 어떤가. 의식주를 해결치 못할 만큼 돈을 벌고 싶어 안달하는 가난한 사람에서부터, 상사의 눈치를 살피는 고달픈 셀러리맨, 밑천마련에 쪼들리는 소규모 영세 상인까지 돈 때문에 인생을 걸고 울고 있는 사람들이 우리 주위에는 너무나 많지 않는가.

그 사람들이 돈 벌기를 싫어하고 돈 벌기 쉬운 위와 같은 믿음을 외면하고 사는 것은 아니다. 결론은 돈 버는 것이 결코 쉬운 일이 아니요 그런 방법으로 행동하고 믿는다 하여 돈이 벌리는 것이 아니라는 사실이다. 부자가 되겠다고, 돈을 벌겠다고 아무리 간절히 바라고, 그 소망을 책에서 말하듯 읽고 쓰고 외친다 해도 그것만으로 돈을 벌게 되고 부자가 되어 지지는 않는다는 명백한 사실을 우리는 삶의 현장에서 직접 보고 확인하고 있다.

나도 한때는 간절히 바라면 무엇이나 이룰 수 있다는 신앙 같은 믿음에 상당기간 매료된 시기가 있었다.

믿음은 주위에 파장을 전하고 열정을 출렁이게 하여 내가 보낸 파장에 상대도 반사하여 두 에너지가 합쳐 꿈을 성사시키는 것으로 믿기도 했다.

 간절한 믿음은 성공을 위해 열정을 보태고 성공의 강력한 후원자로서 성공의 골문으로 빨려 들어가게 하는 강력한 힘이 있고 그러므로 성공을 위해서는 성공에 대한 믿음이 필요하고 성공에 대한 믿음이 있을 때 좀 더 쉽게, 더 큰 성공을 이룰 수 있다는 사실은 맞다. 그러나 믿음만으로 반드시 성공이 이루어지는 것은 아니라는 사실을 한 번 더 명심해야 한다. 그런데 신기하게도 진짜 믿는 대로 이루어지는 삶의 영역이 있다. 부정적 믿음, 실패를 기다리는 믿음이다.

 사람은 성공을 염원하면서도 실패를 마음 한 구석에 묻어두고 언제까지나 마음 아파하고 성공을 바라보면서도 한편으론 실패의 예감이나 걱정을 마음 한구석에 숨겨놓는다.

 부정적이고 실패자적 믿음은 몸과 마음의 모든 조직이 부정적인 쪽으로 작용하여 우리 몸을 움츠려들게 한다.

 부정적 믿음은 마음이 앞장서서 우리 몸을 부정적 결과 쪽으로 나아가도록 자석처럼 끌어당기는 것이다. 소극적이고 비관적이고 냉소적으로 믿고 살면 반드시 그런 사람으로 된다. 내가 바보다, 실패자다, 무능력자다, 나는 피용자라고 생각하고 믿으면 그런 능력만 갖는 사람으로 되고 그런 능력만 발휘할 수 있다.

 우리가 살면서 부정적 믿음에 빠져 있을 때는 과거의 부정적 결과를 가져온 감정과 느낌이 바로 나타나 "아, 그래. 그때의 실패 말이지"하고 반긴다. 나는 안 된다, 공부를 못한다, 돈을 못 번다고 믿는 사람의 하루는 그가 믿는 대로 모두 이루어진다. 부정적인 믿음은 뇌가 사람의 조직을 움츠려들게 하고 잠재력 발동을 짓눌러 반드시 안 되는 쪽으로만 안내하기 때문이다.

　이것이 머피의 법칙이다. 머피의 법칙을 믿는 사람은 반드시 그 법칙대로 실패하고 망하는 길을 계속 걸어갈 수밖에 없다. '노시보 효과'는 나빠질 것이라는 믿음 때문에 병이 더 악화되는 현상이다. 대개 노시보 효과는 플라시보 효과보다 더 큰 위력을 발휘한다.

　오늘 역시 내가 할 일은 엉망이고 형편없겠지 생각하고 믿으면 어떤 행동을 하든 그 결과는 엉망으로 되어 버린다. 나쁜 일이 일어날 거라고 믿으면 재수가 없거나 운이 없어 나쁜 일이 일어나는 것이 아니라 그런 믿음이 나쁜 일을 일어나게 만든것이다.

　실패를 생각하고 믿는 사람은 자신을 실패시키기 위해 일부러 자신의 지배하에 있는 모든 상상력까지 총동원한다. 살면서 느낀 불길한 예감일수록 잘 들어맞는 것은 좋은 예감보다 나쁜 예감이 적중했던 기억이 더 깊게 훨씬 오랫동안 남아있었기 때문이기도 하다.

　버섯이 싫다고 말하는데 소스나 샐러드에 버섯이 올라왔을 때 그 음식을 먹은 당신은 소화불량을 일으킨다. 잠재의식의 믿음이 버섯을 싫어하니 반응을 하라고 시켰기 때문이다.

　100번의 경험으로 부정적 믿음을 가지게 된 당신은 다시 천 번의 긍정적 훈련을 통해서만 그 부정적 믿음을 긍정적 믿음으로 바꿀 수 있다. 그것이 당신이 삶의 주인으로서 자신에게 해야 할 최소한의 의무다.

8. 실천 · 연습

　12월이 되자 아이들은 스스로 잘하고, 또 마음속에서 하고 싶어 하는 일을 장기목표로 갖는 일에 열중하고 있다.
　겨울방학을 앞두고 연석은 계획한 목표성취를 꼼꼼히 점검하고 마지막으로 성공을 확인한다.
　석준과 경서는 그간 계획하고 성취하기로 정한 목표를 모두 달성한 외에 자랑스럽게도 연석도 모르게 스스로 목표를 세우고 성공한 일들을 신이 나서 설명한다.
　석준은 물구나무서서 걷기를 배워 자기 반에서 장기자랑을 하여 큰 박수를 받았다 하고, 경서는 동화책을 10권이나 읽고 독후감을 쓰고 그 중의 한편을 독후감모집경시대회에 냈는데 초등학교 최우수로 뽑혀 전교생 조회 때 교장선생님으로부터 표창장을 받았다고 말한다.
　마지막 성공이 끝나면 제주도로 놀러가기로 한 약속대로 성공확인을 한 뒤 2. 11. 김포에서 오전 11시 반 비행기를 타고 제주로 향하고 있다.
　이번에는 연석이 아이들만 데리고 떠나는 참으로 홀가분한 여행이다. 모두들 마음이 설레었다. 시계바늘처럼 바쁘게 움직였던 지난 시간들이 그립기까지 하고 열정적으로 하고자 한 일들을 모두 이루어낸 만족감에 연석은 푸근한 마음으로 마음껏 휴식을 즐길 수 있었다.

제주에서의 2박 3일의 일정은 등산, 바다낚시, 잠수함타기, 동굴탐험 등 학교나 공부를 머릿속에 담지 않는 완벽한 휴식으로 짜여졌다.

이튿날 오전 9시 한라산 등반을 시작했다. 어리목 코스로 한라산에 오르는데 눈이 무릎까지 찼으나 등산길은 뚫려있었다.

높이 오를수록 고산지대에는 키 작은 나무들이 나지막이 엎드려 온통 눈을 덮어쓰고 있고 침엽수에도, 고사목에도 눈꽃이 활짝 피어 있다. 바람이 스칠 때마다 가지에 달린 눈꽃이 흩날린다.

설경이 참 아름답다고 감탄하면서 카메라에 담느라고 등산길이 더뎌도 마음은 전혀 바쁠 게 없다. 산등성이로 오를수록 차가운 바람이 뺨을 스치고 턱이 마비되어 말이 제대로 나오지 않는다.

연석이 눈을 뭉쳐 석준에게 던지자 석준과 경서가 한 편이 되어 연석을 집중 공격한다. 한라산 정상까지는 5시간이 넘어 걸렸다.

눈 덮인 백록담은 백색 천지다. 깨끗하다. 예상보다 한 시간이나 늦었기에 정상에서는 바로 하산을 시작하여 어승생까지 오니 오후 4시가 다 되어 간다.

산장 안에는 즐거운 표정으로 커피를 마시면서 쉬는 사람들로 만원이다. 연석은 즐거운 산행을 마치고 숙소로 돌아와 오랜만의 만족스런 휴식을 즐긴다.

한라산 등산길의 계곡과 눈을 이고 있는 굴참나무 숲 사이로 멀리 보이는 오름과 수평선들이 지금도 보이는 듯 연석의 머릿속에 감돌며 흐뭇한 웃음을 짓게 한다.

2박 3일의 휴가는 표선동굴 관람으로 마치고 모두들 넉넉한 마음으로 서울로 돌아왔다. 모처럼 집안에서 저녁을 같이 하는 자리에서 애들은 제주여행이야기에 여념이 없다. 저녁을 먹고 나서 연석은 애들을 불렀다.

너희들이 지금까지 이룬 성공들이 이제 성공습관으로 되었다고 생각한다. 너희들 뇌 속의 성공신경 회로는 이제 공부나 운동에 대하여 큰 가닥이 되어 앞으로 더 큰 목표일지라도 반드시 앞장서서 세운 목표를 성공하게 해 줄 것이다.

그러나 성공습관이 성공을 위해 작동되는 것은 큰 뜻이 있는 장기적인 목표를 세우고, 그 목표의 성취가 너희들에게 가치 있는 것이며 성공 확신에 따른 효과적인 실천행동을 할때만이라는 것을 명심해야 한다.

그 말은 아무리 큰 목표를 세우고 성취할 확신을 갖고 있더라도 올바른 실천행위가 없으면 안 된다는 것이고, 한편으로는 아무리 열심히 실천을 한다하더라도 자신을 흥분시킬만한 큰 목표와 성취확신이 없으면 그 역시 성취될 수 없다는 뜻이다.

그러므로 성공습관에 터 잡은 목표, 확신, 실천은 성공을 이끄는 수레바퀴이고 성공습관은 그 모든 수레바퀴의 연결 축으로서 성공을 이끄는 추진력이라는 말이다.

지금까지 너희들은 성공, 성공습관, 그에 따른 목표와 성공확신에 대하여 잘 들었으니 이번에는 효과적인 실천 행위에 대하여 이야기 해보자.

목표의 성취의지를 가지고 연습하고 실천행동을 하면 할수록 어느 정도까지 기술이나 지식은 늘어난다. 새로운 것을 익힐 때마다 뇌에는 새로운 신경회로가 생기고, 계속 연습하고 성공하면 그 회로는 계속 늘어나 더욱 강해진다는 것은 이미 설명했다.

성공습관에 따라 성취확신을 가지고 실천행위를 시작했어도 그 과정의 곳곳에서 예기치 못한 장애물에 부딪치게 될 수 있는데 그때 우리는 그 장애물에 놀라 물러설 것이 아니라 그것들이 별것 아니라고 생각하는 마음으로 장애물을 다스리고 자신을 단련하는 연습을 해야 한다.

장애물을 만나거든 직접 그 장애물에 부딪쳐 싸울 것이 아니라 장애물을 쪼개어 작은 것으로 받아들이는 지혜도 필요할 수 있다. 큰 장애물이나 복잡한 문제를 만났을 때 복잡하게 생각하면 할수록 한없이 복잡하고 어렵게 보일 수 있다. 그러나 그 장애물을 단순하게 생각하고 그 문제를 계속 작게 쪼개어 보면 큰 장애로 보였던 문제가 작고 단순한 것으로 되어 쉽게 풀릴 수도 있다.

그러니 세상만사가 다 생각하기 나름이란 말은 맞는 말이다. 도저히 해결되지 않을 것 같은 어려운 문제를 만날 때 우선 불가능한 것으로 보이는 부분을 떼내고 그 문제 가운데 우선 해결 가능한 부분을 찾아 그것부터 먼저 해결해 나가는 방법도 쓸만하다.

　내 힘으로 성공하지 못할 것으로 생각되는 일이 있다면 문제를 뒤집어 보거나 거꾸로 방향을 바꿔 생각해 보거나 상식과 다른 방법으로 멀리 떨어져서 방법을 찾아보면 의외로 그 안에서나 아니면 밖에서 해결책을 찾게 된다.

　장기나 바둑을 보며 뒤에서 훈수하는 사람처럼 문제에서 한발 뒤로 물러서서 판세(문제)를 보면 의외로 쉽게 해결책이 보이는 이치와 같다. 터닝 포인트는 한쪽이 아닌 현재의 위치에서 지나온 길과 다가올 길 두 방향에서 해결책을 생각해 내는 사고 방식이다.

　"쿤은 최근 계속되는 획기적 발견은 그것이 온 과거와 그것이 시작되는 미래의 일부라고 말한다. 마치 길의 커브가 어느 한 방향의 끝이자 다른 방향의 시작인 것과 같은 원리다. 길이 구부러지는 지점에 서 있으면 그 길이 어디서 왔는지 돌아볼 수 있고, 그 다음 고개를 돌려 그것이 어디로 이어지는지 살펴볼 수 있다. 그러나 다른 지점에 서 있으면 커브 지점에서 끝나는 직선이나 그 지점에서 시작되는 다른 직선만 볼 수 있을 뿐이다."〈제7의 감각〉

　"우리가 지각하는 세계는 현실 그 자체가 아니다. 지도는 실제 땅의 모습이 아니다. 모든 인간은 외부 세계의 실제가 어떻든 현실 세계를 이해하기 위해 어떤 것은 선택하고 어떤 것은 생략하고 일반화하여 독자적인 지도를 만들어 가지고 있다. 많든 적든 우리는 보고 싶은 것만 보고, 듣고 싶은 것만 듣는다. 말하자면 우리는 자기가 지각한 현실의 일부를 전체 세계의 모델, 즉 지도로 삼아 거기에 근거하여 행동하고 있는 것이다." 〈두뇌사용설명서〉

스스로 문제해결을 향한 타깃행동을 늘리는 여러 가지 요인을 발견하여 그것을 실천행위에 활용하는 것도 지속적으로 목표를 성공시키는 실천의 지혜요, 기술이다. 사실 성공습관만 제대로 익히면 대개의 문제는 어렵지 않게 풀려간다. 자동차에는 가속과 제동을 위한 페달이 있다. 어느 것이나 긍정적인 상황으로 나아가게 하고, 부정적인 상황은 피하기 위한 장치다. 실천행위나 몸을 단련할 때도 위와 같은 가속과 제동페달의 작동원리를 활용하면 큰 실수는 막고 성공의 효율성은 높일 수 있다.

"연습만으로 완벽해질 수는 없다. 완벽한 연습을 해야 완벽해진다. 집중해서 반복하는 연습을 대체할 수 있는 것은 세상에 아무것도 없다." 〈텔런트코드〉

결국 연습이나 학습 등 실천행위의 요점은 반복을 통한 신경회로를 조건화시키는 훈련이다.

"조건화란 만들어낸 변화를 오랫동안 지속되도록 확실하게 해주는 방법이다. 어떤 것을 조건화시키는 가장 간단한 방법은 그것이 뇌 안에서 신경회로로 자리 잡을 때까지 반복하는 것이다. 만일 도움이 되는 대안을 발견했으면 그 방법이 고통을 없애주고 즐거움을 빨리 얻게 한다는 것을 확신할 때까지 계속 실천하고 그런 상상을 하는 것이다. 새롭고 효과적인 대안을 강력한 감정욕구를 가지고 계속 연습하면 새로운 신경회로를 형성하게 된다."〈영향력〉

뇌는 성공을 좋아한다. 큰 성공을 더 좋아하지만 작은 성공도 좋아한다. 단기 목표든, 중장기 목표든 하나씩 성공할 때마다 바로 자신에게 진심으로 칭찬하고 감사하며 보상하여야한다. 작은 것을 성공하면 작게라도 반드시 보상해라.

신경회로에 모든 종류의 성공조건화를 만들어내는 가장 중요한 것은 보상강화 법칙의 힘이다. 모든 습관은 강화법칙의 결과로 생긴다. 지속적으로 보상강화 된 모든 감정 또는 행동습관은 자동화된 조건반응이 되지만 강화되지 않은 것은 결국 잊혀지고 사라진다. 확실한 꿈을 꾸는 사람은 늙지 않는다.

어미 독수리는 둥지를 흔들어 새끼들을 불안하게 만들고 둥지 밖으로 차버려 그들 스스로 하늘을 나는 법을 강제로 배우게 한다. 제대로 된 사람이라면 연습과 배움의 효험을 극대화하기 위해 위험을 감수하면서 배우는 결단을 해야 한다.

결단에 의한 성공공식은 먼저 자신이 원하는 것을 의문의 여지가 없도록 명백히 하고 성취확신을 갖고 행동하며, 그 결과가 제대로 되고 있는 것과 잘못되고 있는 것을 찾아내어 원하는 대로 이루어질 때까지 접근방법을 바꿔가며 계속 연습하고 실천하는 데 있다. 우리가 진정으로 성공하기로 결단하는 순간 하늘도 우리의 행동을 보고 성공을 돕는다.

　진정한 결단이란 어떤 것을 성공하기로 함으로써 그 결단을 저지하거나 반대되는 다른 모든 것에 대한 선택가능성을 확정적으로 모두 잘라내는 자유의지의 승리다. 죽기를 작정하고 나아가면 살고, 살기를 애원하는 사람에겐 죽음뿐이다. 사생결단하는 의지와 행동은 그에 합당한 성공으로 보상되는 것이 삶이 우리에게 주는 값진 교훈이다.

　물에 빠진 사람은 숨을 쉬기 위해 사력을 다하는 것같이 어떤 것을 간절히 원하고 그러한 열정을 마음 가득 간직하며, 그리고 성취하고자 하는 일이 얼마나 중요한 것인지 깊이 이해한다면 우리는 모든 능력을 그곳에 모두 투입하여 결단한 목표 성취를 가로막는 어떤 장애물도 극복할 수 있다.

　살면서 가치 있는 목표를 성취하여 장기적인 기쁨을 얻기 위하여는 단기적인 고난이나 장애쯤은 당연히 참고 이겨내야 한다. 고통을 이기고 목표를 성취할 기회를 만들려면 우선 결단한 것을 이루기 위해 현재의 편안과 안정을 잃을지도 모른다는 두려움 정도는 감수하여야 한다. 이제 우리는 삶에서 진정으로 중요한 일에 자기의 모든 생각과 행동의 초점을 맞추고 실천해 나갈 뿐이다.

　성적이 최상위권인 학생은 평소 싫어하는 과목이나 다소 부진

하다고 생각했던 과목부터 먼저 공부한다. 그렇게 공부를 하고 나면 자신감이 생겨 나머지 과목을 공부하는 건 땅 짚고 헤엄치기다.

　주인 의식이 부족한 사람은 일 처리순서를 떠나 쉽고 자기가 좋아하는 일부터 먼저하고 어렵거나 싫어하는 일은 최대한 뒤로 미룬다. 주인 의식이 확실한 사람은 가장 하기 싫은 일부터 먼저 해치운 뒤에 홀가분한 마음으로 남아있는 다른 일까지 즐겁게 처리한다. 하기 싫어하는 일은 대체로 어려운 일이다. 귀찮더라도 하기 싫은 일을 먼저 처리하는 습관을 길러야 면역이 생겨 웬만한 일은 일 같아 보이지 않아 쉽게 성공하는 것이요, 그것이 성공습관자의 태도다.

　우리는 지금까지 성공을 위한 실천행위로서 가장 효과적인 반복연습, 최단시간 내 다수반복을 실제 체험을 통하여 확실히 알고 위와 같은 최단기간 내 다수반복의 힘을 더 강화하기 위한 방법으로 시각화의 중요성도 이해하게 되었다.

　내 삶을 위해 배우고 다가오는 기회를 찾기 위해 준비한 것을 열정적으로 실천하는 것은 주체적으로 살고자 하는 사람의 기본적이고 필수적인 의무다.

　성공을 위해서는 과감히 실천을 결단하고 낡은 선입견에도 굳건히 도전할 수 있어야 하며 실패의 위험을 감수할 용기까지 필요하다. 그래서 성공자는 "행동하라. 그러면 힘이 생긴다. 그동안 미루어 왔다면 용감히 그것들을 실천하기 시작하라. 계속 실천하다보면 자신이 그 일을 즐기고 성공할 수 있음도 알게 된다."고 말한다.

장애물을 만났을때 당황하지 않고 그 장애물을 제거하기 위해 필요한 능력들을 하나씩 불러내어 그 상황에 적절한 해결책을 추구해 나가는 사람이 성공한다.

혼란스럽도록 장애물이 앞을 꽉 막는 그 순간에 당신은 쑥쑥 성장한다. 그런 변화와 혼란 속에서 우리의 마음과 영혼의 눈이 뜨여지는 것이다.

"할 수 있고, 꿈꿀 수 있는 모든 것을 시작하라. 과감성은 그 안에 힘과 마술, 그리고 천재성을 갖고 있다." -괴테-

사람의 참다운 가치는 얼마만큼 아는가에 있는 것이 아니라 아는 것을 얼마나 실천했는지에 달려 있다. 이것저것 따지고 생각하며 재지 말고 눈 딱 감고 먼저 목표를 향한 실천부터 해야 한다. 망설이다가 실천의 타이밍만 놓친다.

하겠다고 결단했으면 과감하게 밀어붙이는 실천만이 가치 있는 유일한 길이다. 앞만 쳐다보고 실천해 나아가면 그 앞에 희망과 성공이란 선물이 기다리고 있다. 과거에 끔찍한 고통을 경험했다고 하자. 그 고통을 늘 간직하면서 그 속에 빠져 살 수도 있고 그냥 떨쳐 버리고 새로운 자유 속에서 계속 나아가는 쪽을 택할 수도 있다.

우리는 세상에 태어난 순간부터 위와 같은 선택을 고민해 왔고 지금까지 계속 고민하고 있으며 그것이 앞으로 우리 삶의 성패도 결정할 것이다. 성공 습관자가 간절한 소망으로 실천에 나아가면 적어도 그 시작만으로 90% 이상 이루어진 것이 되고 나머지 10%는 성공확신이 장애물을 걷어내어 성공을 도와줄 것이다.

별 능력 없다는 지금의 우리가 만들어질 때까지 오랜 시간이 걸렸듯이 지금과 다르게 성공 습관자로 거듭나려면 마찬가지로 오랜 기간 계속 노력하지 않으면 안 된다. 다른 삶을 원하면 먼저 다른 사람이 되어야 하고 외부세계에서 진정 원하는 것을 얻으려면 먼저 내적으로 새로운 사람이 되기로 결단해야 한다. 늘 하던 방식을 떠나 새로운 행동을 하려할 때 뇌는 새로운 생각을 불편하고 불안하게 느끼게 함으로써 종전의 안전지대에 자신을 계속 머물게 하고 싶어 한다. 성공자는 그때 자신의 안전지대를 과감히 뛰쳐나온다.

세상에는 인생을 재미있게 살아가는 여러 갈래의 길이 있으며, 우리가 근본적인 패러다임을 변화시켜 사물을 달리 보기만 해도 자신과 그 상황을 획기적으로 변화시킬 수 있는 문이 언제나 우리 앞에 준비되어 있는 것을 볼 수 있다.

그러나 우리가 성공하고 행복하게 사는 길이 원래부터 그 자리에 있지는 않았다. 그 길은 반드시 최선의 노력으로 스스로 찾아야 알 수 있는 길이다. 그때 잘사는 길을 찾을 수 없으면 잘 사는 새 길을 갑절의 힘을 들여 새로 만들어야 한다.

가장 위대한 성공은 쓰러지지 않는 것이 아니라 쓰러질 때마다 헝그리정신으로, 칠전팔기의 정신으로 다시 일어나 성공의 길을 찾아가는 일이다. 사람은 계속 장애물을 만나고 실패할 수도 있다. 그러나 그때 실패란 '잠깐만 내가 잘못된 길을 가고 있다'고 말하는 신호일 뿐이라고 받아들여야 한다.

실패할 때 변명하지 말고 깨끗이 실패를 인정하고 실패의 원인을 철저하게 분석한다면 성공의 기회는 아직 남아 있고 다시 시작할 그때, 지금의 실패경험은 틀림없이 성공을 도울 것이다.

삶에서 마주치는 장벽은 대부분 환상이다. 사람들은 "나는 하지 못한다. 누구도 해낸 적이 없다"며 단념해 버리지만 우리 앞길을 가로막는 장애물은 실제로는 마음이 만든 환상임을 알아야 한다.

그 말이 진실임을 바로 확인하는 방법은 우리가 장벽으로 생각한 그 장애물이 있는 길로 직접 용감하게 가보는 것이다. 남이 좋다고 만들어 놓은 길로 가는 것보다는 스스로 자신이 가야 할 길을 만들면서 장애물을 헤쳐 나가는 사람이 성공하기 좋은 체질이고 성공가까이 갈 수 있는 사람이다. 사람들은 보다 나은 미래로 나아가는 길이 있음을 알고도 그 길을 가는 일에 겁을 먹고 불평하면서 산다. 불행을 막고 성공의 길을 가기 위해 얼마만큼의 희생은 반드시 먼저 치러야 할 대가인 것이다.

공부를 하고 싶어 하는 사람은 별로 없다고 말을 하지만 자신을 사랑하는 사람이라면 최소한 공부하는 것을 싫어해서는 안 된다. 공부가 싫은 것은 공부를 잘해 본 일이 없는 사람, 한 번도 공부로 성공하고 칭찬받지 못한 사람이다.

또 공부를 하기 싫어하는 것은 공부보다 더 즐거운 놀이라든지 무언가가 있기 때문이다. 그러나 가치 있는 삶에서는 필요에 의해 공부는 반드시 해야 하는 것이요 사명인 것이다.

"삶에서는 완벽하게 똑같은 상황이 반복되지는 않는다. 그러므로 살면서 새로운 상황에 직면했을 때는 그때까지 배운 것을 참고하는 수밖에 없고 사람에게 최후까지 힘이 되는 것은 생각하는 능력뿐이다." 〈지혜는 천개의 눈을 가졌다〉

우리 삶은 경험의 연속이고 그 경험들은 공부를 통해 성숙해진다. 우리 앞에 일어나는 어떤 사건도 우리에게 교훈을 주지 않는 것은 없다.

섭씨 100도가 물이 끓는 임계점이듯 세상의 모든 일에도 임계점이 있고 하나의 상태가 다른 상태로 변하기 위해서는 반드시 임계점을 넘어서야 한다. 결국 우리는 세상사에서 임계점까지 노력해야 성공의 결과를 가져올 수 있다. 아무리 해도 끝이 없고 하면 할수록 더 큰 장애가 생겨 앞이 보이지 않을 그때 현명한 사람은 "이제 곧 임계점에 이르겠구나." 하고 한 발자국 더 앞으로 내디딘다.

처음 보는듯한 어마어마한 장벽을 만나더라도 '나의 미래가

억'이 나를 인도하고 있고 '성공습관'이 나를 밀어주는데 저까짓 저항선쯤 돌파 못할 리 있겠느냐며 두 주먹을 불끈 쥐고 부딪쳐 보자고 나서야 한다. 어둡다고 불평하기 전에 촛불을 켜는 수고를 해야 하고 들판 한가운데서 우유를 마시고 싶으면 젖소 곁으로 먼저 다가가야 한다.

삶의 현장에서는 치열한 경쟁이 있고 승리자도 있지만 때로는 억울하고 불공평하여 죽고 싶은 일도 일어난다. 그러나 그런 환경에서도 미래기억과 성공습관을 가진 사람은 억울하고 죽고 싶은 모든 것을 덮고 성공쪽만 바라보고 나아간다.

사람들이 용기를 가지고 실천 행동에 나아가지 못하는 이유 중 하나는 실패에 대한 두려움 때문이다. 인간은 두려움을 떨쳐 버리지 못하는 나약하고 불행한 존재로서 현대인은 거의 모든 사건을 리스크의 관점에서 바라보며, 갖가지 위험과 자신의 취약성을 과장하면서 계속 안전지대 안으로 움츠러든다.

"두려움에서 벗어나는 비결은 완벽을 기대하지 않는 일이다. 만일 아무도 트집 잡지 못할 만큼 완벽해 질 때까지 기다린다면 아무것도 하지 못한다. 실패를 두려워하는 이유는 어떤 일에서 실패하면 자기 인생이 실패하는 것이고 모든 일에서 성공한 사람이 되려면 완벽해야 한다고 생각하기 때문이다. 성공과 완벽함을 동일시하는 것이다. 하지만 인간은 불완전할 수밖에 없다. 야구경기에서는 실책이 게임의 일부이며 선수들의 실책을 인정하지 않으면 야구

경기를 관람할 수 없다. 실패를 두려워하면 결국 사는 것도 두려워진다." 〈인생은 축복〉

　22세에 사업 실패, 23세에 주의회의원 낙선, 24세에 또 다시 사업실패, 26세에 연인의 죽음, 27세에 신경쇠약과 정신분열증 진단, 29세에 주의회 의장 낙선, 31세에 대통령 선거위원 낙선, 34세에 하원의원 낙선, 39세에 하원의원 낙선, 46세에 상원의원 낙선, 47세에 부통령 낙선, 49세에 상원의원에 낙선, 51세 때 미국 대통령에 당선 된 아브라함 링컨의 경력이다.
　에디슨은 전구를 발명하기까지 147번이나 실패했고, 라이트 형제는 비행에 성공하기까지 무려 805번이나 실패했다. 그들은 실패만 한 것이 아니라 실패를 통하여 성공하지 못한 이유를 한 가지씩 더 찾아내어 성공하기 위한 방법으로 실패를 이용한 것이다.
　실패는 취소할 수 없고 원상태로 되돌릴 수 없으며 나아가 그것으로 나타난 결과를 통제할 수도 없다. 실패에 대한 주도적 해결방법은 그 실패를 자기책임으로 수용하고 그 실패로부터 교훈을 얻는 일이다. 그렇게 하는 것만이 실패한 경험을 성공을 위해 쓰는 유일한 길이다.
　실패의 책임을 인정하지 않고 그것을 고치려 하지 않으며 또 그것으로부터 교훈을 얻으려고도 하지 않는다면 그것이야말로 인생에서 돌이킬 수 없는 가장 큰 실패로 된다. 실패를 자신의 책임으로 받아들이는 것은 스스로 실패를 극복하려는 의지를 강하게 드러내는 행동이고 자포자기가 아니라 이번의 실패에 대해 정당한 심판을 받고 이를 전화위복의 기회로 삼겠다는 지혜로운 결단이다.

"실패라는 말은 그 안에 끝이라는 의미를 담고 있기 때문에 실패했다는 생각을 버리면 계획은 영원히 끝나지 않는다. 성공할 때까지 계속되는 도전이 있을 뿐이다. 이런 사람은 결코 실패할 수 없다. 단지 시간이 좀 더 걸릴 뿐 그는 언제나 성공으로 향하는 외길을 걷고 있기 때문이다."〈열정의 중심에 서라〉

인간은 잘못을 저지를 수밖에 없는 존재이므로 허물 있는 것 자체가 잘못이 아니라 허물인 줄 알면서 고치지 않고 변명만 하는 것이 잘못이라고 공자는 가르친다. 실패는 결코 패배가 아니다. 실패를 자신의 패배로 삼기 전까지는 결코 인생에서 결정적인 패배가 될 수 없다. 삶의 법칙에는 잃은 것이 있으면 반드시 얻는 것도 있다. 실패는 자신으로 하여금 잠시 멈추어 서서 실패 행동을 다른 각도에서 다시 바라보게 하고 다음 번의 성공을 위해 이용할 기회를 주는 거울일 수 있다.

어리석은 사람은 거듭되는 실패가 패배의식을 강하게 심어 패배습관으로 만들어 버린다. 그런 사람은 삶이 패배와 좌절의 연속이라고 자포자기 해버린다.

실패를 겪었을 때 후회하는 것은 사람의 정상적인 반응이다.

그러나 지난 일은 지나간 일일 뿐이므로 과거는 과거대로 묻어두고 앞을 보며 살아야 한다. 이미 지난 실패 때문에 계속 속을 끓이는 부정적 태도는 백해무익이다.

사람은 태어나서부터 수없이 쓰러지고, 넘어지면서 예상치 못한 위기를 극복해 왔다. 그렇게 숱한 위기를 극복했으면서도 위기를 만나면 극복하려 하는 것이 아니라 회피하려고만 한다. 성공습관이 든 사람은 다시 맞은 위기를 성공경험으로 잘 넘기는 지혜로운 실천가들이다. 사람은 누구나 실수를 한다. 성공습관이 된 사람은 삶에서 덜 실수하는 법을 배우고 같은 실패를 다시 되풀이 하지 않으며 웬만한 실패는 그냥 무시해버린다. 사람은 성공으로 나아가면서 많은 시행착오를 한다. 성공한 사람들은 시행착오를 할 때마다 또 무엇인가를 배운다. 그들은 실패할 때 배운 것을 활용하여 실패의 확률을 계속 줄여 나가는 것이다.

"실패학의 교육 과정은 다음과 같다. 모든 일에 불평, 불만인 것을 먼저 찾아라. 다른 사람 험담을 하고 만나는 사람마다 욕하고 다녀라. 미래의 계획과 목표는 세우지 말고 되는 대로 살아라. 어떤 일을 하기 전에 안 되는 이유를 먼저 찾아라. 나는 실패자이고 이젠 틀렸다고 매 시간마다 중얼거려라." 〈당신이 답이다〉

"실패는 일시적인 것이나 실패 후 포기하면 그 실패는 영원한 깃이 된다. 부정의 부정은 긍정이다. 처음부터 긍정했을 때와는 비교

할 수도 없을 만큼 강한 힘을 가진 것이 부정의 부정이다."〈행복통조림〉

성공습관으로 무장된 사람도 가끔은 실패할 수 있다. 그러나 그들의 실패는 일회성이다. 실패가 연속적 실패로 되면 실패는 무게를 더하고 전에 없던 강한 힘으로 또 다른 실패를 가져온다.
실패는 물러서야 한다는 것이 아니라 다시 한 번 분발해야 한다는 각오이며 실패를 성공으로 둔갑시킬 차례가 되었다는 기회로 받아들이라는 신호다. 실패의 원인을 성공의 기초로 삼을 때 진짜 실패는 성공의 어머니가 된다.

"단 한 번의 실패도 겪지 않는 사람은 없다. 그런데 진정한 의미의 실패란 똑같은 실패를 두 번 되풀이하는 것을 말한다."〈가슴 뛰는 삶〉

"창조적인 사람은 실패를 즐길 수 있어야 한다. 창조적 삶을 갈망한다면 실패란 피해 갈 수 없다. 유아들은 스스로를 억압하지 않는다. 자기 몸의 활동을 즐기고, 실패가 두려워 주저앉지 않는다. 발을 헛디뎌 넘어지는 실수를 되풀이하지만 끊임없이 다시 시도한다. 실패는 정상이다. 행복과 명성, 명예와 메달을 차지하기 위한 경쟁에서 승리자가 한 명이면 패배자는 열 명, 백 명, 아니 천 명을 헤아린다."〈성공을 만드는 강력한 힘 집중〉

9. 종업식

연석이 안태수 대령 집에 입주한 지 어느덧 1년이 가까워 온다.

그사이 안중령은 대령으로 진급되고 육군본부로 발령받아 가족들과 행복한 시간을 보내고 있다. 아이들이 확실하게 마음을 잡고 전처럼 성격이 밝아졌고 성적도 상위권에 들었을 뿐 아니라 무엇보다 확고한 장래목표를 가지게 되어 1년 전의 고민거리는 모두 사라졌다.

안대령이 식구들 앞에서 다음 학기부터 군사학 박사과정에 등록하여 공부를 하겠다고 하자 조수진 여사도 관심분야이던 꽃꽂이학원과 대학교의 여성최고지도자 과정에 등록하고 열심히 공부하여 부끄럼 없는 가족구성원이 되겠다고 포부를 밝힌다.

조여사는 아이들에게 우리도 박사가 되고 전문자격증을 딸 때 성공표창장을 달라고 하자 아이들은 그러겠노라고 약속한다.

안대령은 구정이 지난 2월 20일 저녁 7시에 여의도 선착장의 유람선에서 연석을 위한 송별회를 하겠다고 하면서 그 준비를 조여사에게 맡겼다.

연석은 연수원 입교절차를 밟았다. 며칠 진 조여사로부터 그간 월급 외에 연수원 생활기간 중에 쓸 원룸 임대차계약서와 매월 생활비가 입금될 예금통장을 받았다. 분에 넘치는 보수였고 처음 가정교사를 시작할 때 걱정했던 모든 것이 한꺼번에 해결되고 생활비 걱정 없이 연수원 생활에만 충실할 수 있게 된 것이 연석에게는 너무 감격스럽고 다행한 일이다.

그동안 석준과 경서가 잘 따라주어 목표를 100% 달성한 것도 앞으로의 삶에 큰 보람과 자부심을 느끼게 한다.

유람선에 들어서자 선실은 불빛 한 점 없이 깜깜하다 갑자기 폭죽이 터지고 꽃가루가 흩날리며 팡파르가 울려 퍼진다. 연석은 순간 놀랐으나 곧 자기를 위한 깜짝 이벤트임을 알아챘다.

무대 앞에는 연석의 큰 사진이 걸리고 그동안 석준과 경서가 받은 성공표창장과 성공사진들, 성공선물들이 연석의 사진 옆 화면을 가득 메우고 있다.

안대령의 박수를 받으며 연석이 자리에 앉자 한복 차림으로 정장한 조여사가 나타나 큰 가방을 연석에게 건네고 뒤따라 석준과 경서가 선물상자를 하나씩 들고 와서 연석에게 내밀고 큰 절을 한다.

연석이 가방을 열자 그 안에는 양복 한 벌, 구두 한 켤레, 셔츠, 넥타이 등이 가지런히 들어 있다.

"선생님. 연수원 입교식 때 입으시라구요."

석준은 서류가방을, 경서는 예쁜 만년필을 선물했다.

"선생님, 가방엔 서류를 넣고, 이 만년필로 글을 쓰시면서 저희들을 기억해 주세요."

마지막으로 안대령은 "선생님, 고맙습니다. 오늘은 선생님으로써 우리와 헤어지는 자리지만 다음부터는 판사로 계셔도 가족같이 자주 만나기를 바라도 되겠지요" 인사를 건넨다.

식사 전에 안대령은 선생님이 1년 동안 우리 아이들을 잘 가르쳐주셨을 뿐 아니라 자신과 아내까지 감동케 하여 우리 집을 완전 변화시킨 은인이라며 고맙다고 몇 번이나 인사를 했다.

연석이 자리에서 일어났다. 지금까지 이 집에서 받은 진한 사랑과 배려에 깊은 감사의 마음이 솟구치고 감격에 목이 메인다.

"안대령님, 사모님, 감사합니다. 석준아, 경서야 너희들도 너무 고맙다. 그리고 너희들 너무 훌륭하다. 선생님은 너희들이 가야 할 길을 일러주었을 뿐인데 스스로 그 길을 쫓아 성공하고 그 성공을 계속하여 성공습관까지 갖게 되었으니 그것은 너희들 인생에 귀중한 자산이 되었다고 생각한다. 이제 너희들이 공부가 하기 싫었을 때 가졌던 생각들은 모두 지워버리고 그동안 익힌 성공습관에 따라 계속 큰 목표를 세우고 그 목표들을 실천해 나간다면 아무리 큰 목표일지라도 반드시 이룰 것으로 선생님은 확신한다. 그 꿈을 성공시킬 힘은 본래 너희들안에 있었는데 너희들이 그 길을 쉽게 찾아낸 것이다. 반드시 성공할 수 있다는 확신으로 반복, 최단시간 내 다수반복을 함으로써 계속 성공하기 바란다. 그리고 그 성공을 효과적으로 달성하기 위해 시각화 방법도 사용해 보아라. 그런데 너희들이 큰 목표들을 성공한다 하더라도 좋은 친구를 사귀고, 내가 받고자 하는 것을 상대에게 먼저 줌으로써 다른 사람이 너희들과 가까이 하고 싶도록 하는 좋은 인간관계를 만드는 것도 어쩌면 성공보다 더 귀하고 행복한 일일지도 모르겠다. 세상은 너희들이 보는 세상이 아닐 수 있다. 같은 창문을 통해 바깥을 보아도 한 사람은 별을 보고, 다른 사람은 구름을 본다. 행복하게 살고 싶다면 너희들 생각대로 세상을 바꾸거나 너희들 생각을 세상에 있는 것들에 맞추는 둘 중의 하나인데 선생님은 너희들의 생각을 세상 쪽으로 맞추며 행복하게 살았으면 좋겠다. 부디 책을 많이 읽어라."

연석의 말은 웅변이 되어 가족들의 마음에 깊이 새겨졌다.

식사 후 모두가 환하게 웃는 기념사진을 찍었다. 거룩하고 찬란한 잊지 못할 만찬이었다.

10. 꿈의 시작과 이별 연습

고연석이 중학교를 졸업한 후 30년 가까이 흐른 어느 초가을, 이상수 교감이 정현일 교수, 김창식 박사와 함께 연석을 급히 호출하였다. 이상원 선생님이 쓰러져 병원에 입원하셨는데 병세가 심상치 않다는 것이다.

이들은 연석의 중학교 동기동창으로 평소 은사인 이상원 선생님을 흠모하고 존경하고 있었다.

이상원 선생님은 중학교 2학년때 사회과 담당이셨다. 교장선생님으로 계시다가 5년 전에 정년퇴직하신 후 부부가 시골에 내려가 전원생활을 즐기며 살고 계셨는데 갑자기 졸도하여 병원 응급실로 실려 오신 것이란다.

고연석 변호사는 전교 수석을 하면서 야간대학을 졸업하고 사법시험을 거쳐 검사·판사로 15년 가까이 지낸 뒤 퇴직하여 변호사로 활동 중이다. 이상수 교감은 교육대학을 졸업하고 초등학교 교사를 거쳐 교감으로 재직 중인데 아동들의 생활뿐 아니라 특별한 지능계발에 관심을 가진 한국의 페스탈로치란 별명을 들으며 훈장과 표창장을 수없이 받은 교육자다. 정현일 교수는 진화심리학 전공으로 대학을 졸업하고 외국에서 박사학위를 받은 뒤 귀국하여 대학교수로 재직하면서 심리학 관련 서적을 여러 권 출간한 학계의 권위자이고, 김창식 박사는 의과대학을 졸업하고 뇌전문의사로 활동하며 대학병원의 과장과 의과대학에 강의를 맡고 있다.

늦은 가을 노랗게 물든 은행잎들이 수북이 떨어져 흩날리는 병원 앞뜰에 달포 만에 네 친구가 선생님을 문병하러 만났다. 분위기가 무거운 가운데 이 교감이 안내하여 병실로 들어선다.

사모님이 혼자 간호를 하고 계시다가 제자들을 맞이 하신다. 산소호흡기를 부착한 선생님 곁으로 다가가 야윈 손을 잡고 "선생님 저 왔습니다. 눈 한 번 떠 보세요. 선생님, 제 말씀 들리십니까?"

선생님은 눈을 감은 채 미동도 하지 않으시고 선생님을 부르는 옛 제자의 목소리는 공허한 메아리로 울릴 뿐 병실은 깊은 침묵과 정적만이 감돌았다. 이상원 선생님과 연석은 14살 차이다. 선생님이 사범대학을 졸업하고 중학교에 부임한 3년차에 2학년 담임선생님으로 오셨다. 조용한 성품이지만 참으로 자애롭고 인간적인 분이시며 진정한 교사상의 표상이다.

문병을 마친 일행은 병원 근처의 한적한 식당으로 자리를 옮겨 선생님 병환에 대한 울적한 심정을 삭이면서 막걸리를 마시고 있다.

먼저 이상수 교감이 입을 열었다. "자네들 이상원 선생님이 2학년 때 우리에게 가르쳐준 가장 큰 교훈이 뭔지 기억하나?"

정현일 교수가 나선다. "꿈을 가지라는 것이었지. 고등학교 진학은 생각도 못하고 있을 때 선생님은 우리더러 5년 후의 꿈을 적어오라고 했어. 5년 후는 대학진학 할 시기를 말한 거야. 모두들 중학교를 졸업하면 시골에서 농사를 지을 생각만 하던 그때 말이야. 내가 농사를 짓겠다고 몇 번이나 적어 냈는데 농사를 짓더라도 논·밭을 얼마나 가지고 지을 것인지. 농사를 지어 어떻게 살 것인지를 다시 적어오라는 거야. 세 번이나 고쳐 적었는데도 퇴짜를 맞고 나서 에라 모르겠다. 대학진학이라고 썼더니 또 무슨 과를 지망할 거냐고 하여 솔직히 귀찮아서 장난삼아 심리학이라고 써 냈지. 대학에 진학한다고 적은 뒤 선생님이 정말이냐 하시기에 고개를 끄덕이며 학비가 걱정이라 했더니 선생님은 목표를 정하라 했지 누가 학비걱정을 하라 했느냐고 크게 꾸지람을 하시는 거야. 처음엔 선생님 말씀을 그냥 비켜 간다는 생각으로 대학진학이라 적었는데 무슨 대학이고 전공은 뭐로 할 건데, 대학을 졸업해선 뭐가 될 건데 하고 계속 내 꿈을 구체화시키게 하셨어. 그때 선생님은 여러 분야의 학문에 대해 설명하시면서 사람의 마음을 공부하는 심리학이 내게 맞겠다고 하여 그렇게 내 진로가 결정된 거야. 그런데 참 이상하더라. 처음엔 장난처럼 적은 대학진학, 심리학이란 게 그때부터 내 머릿속에서 떠난 일이 없었지, 드디어 고등학교는 인문계로, 대학진학은 조금도 망설이지 않고 심리학과를 선택한 거야. 나는 선생님 덕택에 대학입학 할 때 다른 심리학과 지망생보다 5년 동안이나 먼저 마음속에 심리학을 품고, 심리학에 관심을 가진 덕분에 심리학 강의가 전혀 낯설지 않았어. 바로 적응이 되고 우수한 성적으로 졸업하여 대학교수가 된 것이네. 선생님은 암울한 시절 내 인생의 진로를 밝혀주신 등댓불이었어."

정교수의 감동스토리가 끝나자 이상수는 연석을 바라보며 "사실 자네가 선생님의 총애를 제일 많이 받았지. 그때는 어린 마음이었지만 질투까지 나더라. 입학식이 끝난 뒤 슬그머니 들어 온 새까만 촌뜨기가 죽어라고 공부하여 대번에 1등을 해버리니 여학생들 앞에서 내 체면이 뭐가 되었겠어. 결국은 자네가 경쟁심을 촉발시켜 우리도 이렇게 성공하게 되었으니 자네가 우리 은인일세."

사실 연석은 이상원 선생님 얘기를 할 때마다 먼저 눈물이 앞을 가린다. 선생님의 사랑을 가장 많이 받았고, 가장 큰 은덕을 입었음에도 중학교를 졸업한 뒤 대학졸업 할 때까지 두어 번 뵈었을 뿐이다. 사법시험에 합격하고 검사발령을 받았을 때는 가장 먼저 선생님으로 부터 진심어린 축하도 받았다.

그 후 업무에 바쁘다는 구실로 서너 번 선생님을 뵈었을 뿐 정년퇴임식에도 참석 못했을 뿐 아니라 시골로 내려가 사실 때는 한 번도 뵙지 못한 후회가 연석의 가슴을 때린다. 그런데도 연석이 전화로 "자주 못 찾아뵈어 죄송합니다" 할 때는 "이 사람, 무슨 못난 소리야. 자기 맡은 일을 잘하면 그게 나에게도 잘하는 걸세" 하며 도로 위로해주시던 선생님이시다.

연석은 기하를 배우면서 2학기가 시작되기 전에 염소를 키워 큰 부자가 되겠다는 꿈을 가진 일이 있었다. 염소는 새끼를 1년에 두 번, 한 번에 두 마리씩 낳는다.

어미 염소는 1년에 4마리의 새끼를 낳고 새끼 염소는 2년 뒤에 어미가 되어 1년에 4마리의 새끼를 낳는다.

처음 수놈 1마리, 암놈 2마리로 시작하여 염소를 키우면 (새끼를 낳는 주기는 연석이 그 전 해에 본 것이고 계산은 모두 암염소를 낳는 것으로 함.)

1년 후 2마리 + 8마리 = 10마리

2년 후 10마리 + 8마리 = 18마리

3년 후 18마리 + 32마리〈8마리×4〉= 50마리

4년 후 50마리 + 64마리〈16마리×4〉= 114마리

5년 후 114마리 + 200마리〈50마리×4〉= 314마리

6년 후 314마리 + 456마리〈114×4〉= 770마리

7년 후 770마리 + 1,256마리〈314×4〉= 2,026마리

8년 후 2,026마리 + 3,080〈770×4〉= 5,106마리

9년 후 5,106마리 + 8,104마리〈2,026×4〉= 13,210마리

10년 후 13,210마리 + 20,424마리〈5,106 ×4〉= 33,634마리.

결국 어미 암염소 2마리로 시작한 염소 기르기는 10년 후 33,634마리가 되고 11년 뒤에는 54,058마리, 12년 뒤에는 188,494마리, 13년 뒤에는 404,726마리, 14년 뒤에는 958,702마리, 15년 뒤에는 2,577,506마리가 된다. 그때 연석은 기하급수적으로 불어나는 염소 숫자를 주판으로 계산하면서 너무 흥분하여 며칠 밤을 새웠다.

여름방학이 시작되자 숫염소 1마리, 암염소 2마리를 사서 학교뒷산으로 들어갔다. 연석은 누구에게나 자신의 선택과 목표를 확신에 찬 어조로 설명하면서 자신감에 넘쳐있다. 염소가 새끼를 낳으면 선생님께도 염소를 길러 큰 부자가 될 거라고 말씀드려 크게 칭찬을 받겠다고 의기양양하였다.

그때 연석은 그렇게 돈을 벌수 있는 간단한 방법이 있는데도 사람들이 왜 그 사실을 모를까. 자신이 그 비법을 알아낸 것에 스스로 너무 위대하다고 감격해 하면서 자신의 성공스토리를 극비로 하고 성공한 뒤에 모든 사람에게 알려야겠다고 다짐한다.

연석이 염소를 몰고 산으로 올라갔다는 소식을 듣고 선생님이 산으로 올라오신 건 산에 들어 간지 3일째였다. 연석은 흥분한 목소리로 화난 듯 찌푸린 얼굴을 하신 선생님께 자신의 구상을 설명한다. 10년 뒤에는 3만 마리 염소의 주인이 되고 15년 뒤에는 200만 마리 염소를 키우는 큰 부자가 될 거라고.

듣고만 계시던 선생님이 그래 3만 마리를 너 혼자 어디서, 어떻게 키울거냐고 물으신다. 연석은 기다렸다는 듯이 염소는 초식동물이니 산에 방목하여 풀을 먹이면 되고, 겨울에는 건초를 먹이면 된다고 대답하였다.

선생님은 염소를 묶은 줄을 가져 오시더니 "염소 1마리가 지름 8m 안의 풀을 뜯고, 그 풀을 다 뜯어먹으면 또 옆으로 옮겨 결국 여름동안 염소 1마리가 16m거리 안의 풀을 뜯어 먹는다. 염소 1만 마리는 160,000m거리 안의 풀을 뜯어 먹는다는 계산이 되지. 그렇다면 산에 염소가 뜯어먹을 풀이 가득 있다 해도 160km나 되는 산을 무슨 수로 확보할 것이며 160km거리에서 풀을 뜯는 염소를 도대체 너 혼자 어떻게 관리한단 말이야. 또 그 만큼 큰 산을 내 줄 후원자라도 있느냐. 그런 계산이 어떻게 나올 수 있어? 염소는 어디 암컷만 낳는대? 수컷이 없으면 어떻게 새끼를… 쯧쯔쯔… 네가… 그런 생각을 하다니 너무 놀랐다. 그 정도 밖에 생각을 못 했냐" 하시고는 뒤도 돌아보시지 않고 산을 내려가신다.

연석은 천 길 낭떠러지에 떨어진 듯 큰 충격을 받았다. 도대체 내가 왜 이런 어리석은 생각을 했나하는 후회와 그간 철 모르게 날뛰던 자만심에 대한 큰 부끄러움이다. 해가 기울고 염소 우는 소리에 정신을 차린 연석은 염소를 안은 채 어리석고 못난 행동을 후회하며 오랫동안 소리내어 울었다.

염소를 몰고 집으로 돌아온 연석은 가족들로부터도 호된 꾸지람을 들었다. 자신의 어리석음에 대한 질책도 참기 어려웠으나 신중하지 못하고 덜컥 일을 저질렀다가 금방 후회하는 자신을 바라보니 도대체 잠을 이룰 수가 없었다. 방학이 끝나고 개학을 했어도 선생님은 염소 이야기는 한 번도 꺼내지 않으셨다. 연석은 그것이 더 불안하여 교무실로 선생님을 찾아가 사죄를 드렸다.

그제서야 선생님은 크게 웃으시더니 "연석아, 나는 너를 다시 봤다. 어떻게 그런 엉뚱한 생각을 하게 된 거야. 네 생각은 기발했다. 하지만 너는 딴 생각하지 말고 공부나 열심히 하여 법대에 들어가 판사가 되어라. 네가 잘하는 건 공부밖에 없지 않니." 연석이 막연하게 고등학교에 진학할 수 있을까. 걱정하고 있을 때 선생님은 법과대학 진학과 사법시험에 도전하라는 강력한 메시지를 주셨다. 그 메시지가 염소 일을 소문내지 않고 하신 말씀이어서 연석은 더 더욱 선생님께 감사, 감사했다.

일시적이었지만 환상에 빠져 방황하던 연석은 순간 머릿속에서 번쩍하는 한줄기 빛을 보았다. "선생님 고맙습니다. 꼭 그렇게 하겠습니다."

2학기 성적표를 나눠주시던 선생님은 연석의 성적이 이번에도 1등이라고 하시면서 연석이 앞으로 고시에 합격하여 판사가 될 거라고 나하고 약속했으니 지켜보자고 박수를 유도하신다.

박수소리를 듣는 순간 부끄럽고 친구들에게는 민망했으나 존경하는 선생님으로부터 공개적으로 장래를 선언 받은 것이 너무나 뿌듯하고 가슴에 뜨거운 피가 끓는 것을 느낀다. 연석은 그때의 감격을 회상하면 지금도 엔돌핀이 솟아 기분이 좋아지고 마치 그 시절로 돌아간 듯 가슴이 벅차오른다.

연석은 선생님 말씀을 듣고 난 뒤부터 연습장 여백마다 "고시합격, 판사"라고 적었고, 그때 다진 각오가 결국 그 어려운 과정을 헤치고 법과대학에 진학하고, 사법시험에 합격하여 검사·판사를 거쳐 법률가의 길을 걷게 된 것이다.

이제와 자기 삶을 뒤돌아보니 모두 선생님의 말씀 한 마디에 운명이 예정되어 자석처럼 이끌려온 것 같다. 선생님은 그렇게 큰 은혜를 주셨는데 온갖 핑계로 선생님의 은혜에 보답치 못한 것이 이제 와서 후회스럽기 짝이 없다. 선생님, 부디 쾌차하세요.

길게 이어진 연석의 감동스토리에 분위기가 숙연해지자 상수는 창식에게 한마디 하라고 손짓을 한다. 창식은 "글쎄 나는 선생님으로부터 꾸중들은 기억 밖에 없다. 그래도 지금은 선생님이 너무 좋다".

꾸중들은 이야기라도 들어보자는 성화 끝에 창식이 입을 연다.

"지금 와서 친구 사이에 흉허물이 뭐가 있겠나. 모두가 아름다운 추억이지. 선생님은 한 달 동안 유독 내 숙제만 챙기는것 같았어. 숙제를 한 노트에 빨간 잉크로 잘못한 것만 가득적어 나중엔 숙제장 내놓기가 무서워 몇 번 아예 숙제를 하지 않고 선생님 눈치만 보고 있었지. 한번은 선생님이 부르시더니 창식아 넌 공부보다는 운동에 더 취미가 있잖니. 앞으로 숙제는 안 해도 좋으니 씨름을 해 보아라. 넌 끈기가 있고 키도 크고 힘이 세니 틀림없이 천하장사가 될게다. 앞으로 운동을 열심히 하면 숙제를 면제해 주마."

그때까지 막연히 힘자랑만 하던 창식은 그때부터 씨름부에 들어가 방과 후와 공휴일에는 온통 씨름연습 뿐이다. 몸은 고단했지만 그때는 숙제하는 것보다는 훨씬 재미있었다.

"그때 씨름코치는 별명이 쇳덩이라고, 시골장터에서 열린 씨름대회에 우승하여 송아지를 몇 마리나 탄 사람이었어. 나는 중학교를 졸업하던 해에 전국씨름대회에 입상하였고, 고등학교 때는 전국적인 선수가 되었으나 씨름판에서 머리를 다쳐 어쩔수 없이 씨름을 접었어. 천하장사는 못 되었지만 여학생 뒤만 쫓아다니고 싸움으로 말썽만 피우던 내게 운동 쪽으로 마음을 돌리게 한 것이 선생님이셨고, 하루 종일 씨름연습을 하면서 인생관리, 시간 관리를 배운 탓에 그후 운동을 하지 못하게 되었어도 낙심하지 않고 바로 공부를 시작하여 재수 끝에 의과대학에 진학했어. 부상당한 머리 탓인지 뇌 분야에 관심이 많았고 지금 뇌 박사가 되었다네. 그러고 보니 깡패가 될 뻔했던 내가 선생님 덕을 제일 많이 본거네" 하며 넉살좋게 웃는다.

상수는 선생님댁 옆집에 살았다.

키가 작고 예쁘게 생긴 상수는 선생님과 접촉이 잦았고, 방과 후에도 선생님 집을 드나들면서 잔심부름을 해드렸다. 선생님은 상수에게 자기가 교사가 된 이야기를 몇 번이나 들려주셨다.

선생님은 사업가로 큰 섬유공장을 경영하는 것이 꿈이셨다. 소규모 양말 공장을 운영하시던 아버지 덕택에 경제적 어려움을 모르고 지내다가 고등학교 2학년 때 아버지가 교통사고로 돌아가시고 부터 관리 부실로 공장이 휘청거리다가 선생님이 3학년을 마치기도 전에 공장 문을 닫아야 했다. 선생님은 아버지의 유업을 살리고자 큰 섬유공장을 가지는 것이 꿈이었으나 가세가 기울어지는 바람에 진로도 취업이 잘되는 사범대학으로 유턴하신 것이다.

그때 선생님은 사람이 1년 앞일도 알지 못한다. 누구나 인생에서는 환경이 아니라 자신이 잘하고, 하고 싶어 하는 것을 하며 살아야 한다는 것을 깨달았다고 하셨다. 그런 생각을 하니 사업보다는 학생들에게 잘하는 것, 하고 싶은 것을 찾아주고 장래를 안내 해 줄 수 있는 교사의 길이 너무 좋더라면서 상수의 자상하고 침착한 성격으로 보아 교사가 적성에 맞겠다고 적극 권유하셨다. 그러면서 선생님은 지금 아버지 같은 심정으로 학생들의 장래를 걱정하고 잘 가르치기 위해 실력을 기른다고 눈코 뜰 새가 없지만 아버지가 돌아가신 후 암담했던 시절을 떠올릴 때 지금은 너무 행복하고 감사하는 생활을 하고 있다고 하며 상수를 포근히 안아주셨다.

상수는 그때부터 교사가 되기위해 더 열심히 공부하였고, 그 후 교육대학을 거쳐 벽촌의 초등학교 교사로 첫 발을 내 디뎠다. 상수는 선생님의 가르치대로 진정한 교사의 길인 행복한 교사, 실력 있는 교사, 학생들에게 기억되는 교사로 20년째 충실하게 근무하면서 모범교사상을 여러번 받은 모범 교육자로 칭송받고 있다.

그날 친구들은 30년 전에 선생님이 일 깨워준 소중했던 꿈을 되새기며 선생님의 쾌유를 빌고 자주 선생님을 찾아뵙기로 했다.

그해 겨울이 가고 선생님은 어느 정도 회복되어 입원하신지 6개월 만에 퇴원하셨다.

퇴원하신지 2개월쯤 지나 선생님의 생신에 제자들이 다시 모였다. 선생님의 상태는 많이 좋아지셨으나 걸음이 자유롭지 못하여 바깥 출입을 못하시고 말은 많이 더듬고 우둔하셨다. 오랜만에 만난 선생님과 제자들은 한참을 웃음 속에서 이야기꽃을 피운다. 식사가 끝난 뒤 선생님은 자신의 사생관을 말씀하신다.

쓰러지기 전에 나는 누구보다 건강했고 건강에는 자신이 있었는데 막상 쓰러지고 나니 건강에 왕도가 없다는 것을 새삼 알게 되었다. 너희들도 젊었을 때 더욱 건강에 유의하거라. 이번에 쓰러져 건강을 잃은 것이 큰 충격이긴 했지만 한편으론 잃은 건강 덕에 얻은 것도 많았다.

쓰러지고 얼마 동안인지 몰라도 의식이 없었는데 그땐 물론 의식이 없다는 것조차 알지 못하였지. 그 후 희미하게 의식이 생겼으나 꿈인지, 생신지 구분이 되지 않았고 얼마뒤에는 소리가 들리거나 들리는 말뜻을 알아 듣고 행동을 하려해도 말이 나오지 않고 몸이 움직여지지 않더군.

깨어나 의식이 생겼을 때의 첫번째 느낌은 지금 내가 죽었느냐, 살아 있느냐는 것이었지. 지금 살아 있어 의식하는 것인지, 죽은 뒤 죽은 상태에서 느끼는 것인지 구분이 되지 않더라고. 그러다가 몸이 움직일 수 있게 되니 비로소 내가 죽지 않고 살아 있고 살아 있으면서 의식하는 것으로 알겠더군.

살아 있는지, 죽었는지 조차 구별되지 않았을 때는 어떻게 살아야겠다거나, 하고 싶은 것도 생각나지 않았는데 그뒤 살아 있다는 생각이 들자 마음속에는 지금까지 살아온 발자취를 하나씩 되돌아보면서 잘한 일, 못한 일, 기뻤던 일, 슬펐던 일이 구분되어 막연하게 계속 떠올랐고, 그리고 나서는 앞으로 어떻게 살아야겠다는 다짐을 하게 되더라고. 지금까지보다 뭔가 다르게 나보다 남을 위해, 물질보다 정신적인 가치를 위해 살아야겠다는 그런 다짐 말이야. 며칠 동안은 온통 그런 생각들만 머릿속에 주마등처럼 생겼다, 없어졌다 하더니 어느틈엔지 자신과 집과 가족에 대한 세상욕심과 걱정거리들이 머릿속을 또다시 채우기 시작하는 거야.

나도 은퇴 후 죽음에 관련된 책을 읽고 죽음을 어떻게 받아들여야 하는지 머리속으로는 많이 고민했지만 죽음이 나에게 바로 다가올 것으로는 생각하지 못하였는데, 막상 이번에 쓰러지고 나서 비로소 죽음이 나에게도 가까이 다가온 사실을 깨달았지.

　사전에 구체적인 준비나 연습도 없이 막연하던 죽음과 막상 맞닥뜨려 눈앞에서 나의 죽음을 보게 되니 너무 두렵고, 인생이 후회스러웠다네.

　나도 나름대로 최선을 다해 살았고 남에게도 도움을 주며 살았다고 생각해 왔는데 막상 죽음 앞에 서니 그런 것은 뒷전이고 좀 더 가치있는 뭔가를 이룩했어야 했다는 후회가 계속 밀려오는거야. 그리고 "어떻게 했다면 후회가 없을까" 그것이 내가 계속 쫓아간 화두였고 정답은 찾지 못했지만 잘 죽는 연습을 미리 해야겠다는 분명한 결론은 내었어.

　살아 있는 동안 계획하고 연습하여 현재의 성공적 삶을 살았듯이 만일 죽는 연습, 잘 죽는 연습만 제대로 한다면 죽을 때 모든 후회를 다 없애진 못해도 후회를 많이 줄일 수 있을 거라는 생각이었지.

　죽음은 자연법칙으로서 누구도 피할 수 없는 것이요. 죽음이 운명적 과제인 만큼 죽는 연습, 잘 죽는 연습도 누구에게나 반드시 필요한 삶의 과정이 되어야 한다고 생각하네.

　그런데 잘 죽는 연습은 "죽는다". "죽었다"는 사실에 대비한 연습으로서 결국은 죽기 전 살아 있을 때 하는 연습이요, 죽음 앞의 연습이므로 절대 연기할 수 없고 살아있는 지금 바로 실천해야 하는 것 이었어. 바로 죽는 사람에게 세상걱정은 부질없는 일이요 남을 미워할 이유조차 없지. 죽을 사람이 해야 하는 잘 죽는 연습 과목은 모든 욕심을 내려 놓는 것, 소중하고, 하고 싶은 일, 꼭 해야 할 일을 지금 바로 하는 것이며 모든 것에 감사하는 긍정적으로 삶의 방향을 바꾸는 것이었지.

잘 죽는 연습은 현재의 가치를 더욱 키우고 죽음이 찾아 왔을때 그간의 삶에 감사하고 기쁘게 죽음을 맞는 것이다. 한참을 뜸들이시던 선생님은 드림셀러의 주인공이 한 말을 들려준다.

"나는 과거에 큰부자였고 권력도 가져, 젊은 사람이든 나이든 사람이든 나에게 자문을 받으러 왔고, 손을 대는 사업마다 크게 번창하였으며, 나는 과감하게 창조적이고 직관적이어서 가보지 않은 길을 갈 때에도 두려워할 줄을 몰랐다. 언젠가 나는 부인과 두 아이, 두 명의 친구와 함께 대밀림으로 휴가를 떠나기로 했다. 언제나 시간이 부족했던 나는 자신의 바쁜 일정을 감안하여 몇 개월 앞당겨 여행 스케줄을 짰고, 모든 게 순조롭게 진행되었다. 하지만 언제나 그랬듯이 또 다른 중요한 일이 생겼고 나는 급히 투자자들과 화상회의를 해야 했으며 거액의 돈이 걸린 문제였다. 가족과 친구들은 나를 기다리겠다며 여행을 하루 미루었다. 하지만 그 다음 날이 되자 오래전부터 미루어왔던 사업을 급히 마무리해야 할 일이 또 생겼고, 아내와 아이들 그리고 친구들에게 진심으로 용서를 구하고 먼저 떠나도록 했다. 그들이 비행기를 타고 나서 몇 시간이 지나 업무회의를 주재하고 있던 나에게 비서가 와서 대형 여객기 한 대가 추락했고 생존자는 없다. 바로 내 아내와 아이들, 친구들이 탔던 그 비행기라는 것이다. 많은 사람들이 그 사고는 내게 책임이 없다고 위로했으나 아무리 심리치료를 받아도 나는 죄의식에서 벗어날 수 없었고, 저항력이 강한 나였지만 결국 나는 내 세계 속에 숨고 말았지. 내가 가진 것은 무엇인가. 왜 사랑하는 사람들을 먼저 돌보지 않았는가. 일정이 아무리 바빠도 바꿀 수 있지 않았는가. 왜 삶의 속도를 늦추지 못했는가. 인생 그 자체보다 더 중요한게 과연 무엇인가. 모든 부를 거머쥐어도 목숨을 잃는다면 무슨 소용이 있겠는가. 잠시 성공할 수 있을지 몰라도 결국에는 모든 걸 잃고 마는 인생. 누구도 조용한 하늘을 언제까지 날 수 없으며, 잔잔한 호수를 영원히 항해할 수 없다. 몇몇 사람들은 더 많은 걸 잃고, 몇몇 사람들은 조금 덜 잃는다. 몇몇 사람들은 손해를 입어도 견딜 수 있지만, 몇몇 사람들은 감내하기 힘든 손실을 입기도 한다.

〈드림셀러〉를 읽고 내 삶을 다시한번 뒤돌아 보았다. 지금까지 자네들이 세운 목표에 대한 성공을 추구해왔다면 이제 그 욕망을 얼마만큼 내려놓고 '지금 이 순간에' 눈을 돌려 마음의 눈으로 길가에 핀 꽃을 보고 그 향기를 맡으면서 귀중한 삶의 기적과 아름다움을 마음껏 누리며 살아라. 가치있는 일은 미루지 말고 지금 바로 하여라."

선생님의 간증을 듣고 선생님과 제자들은 두 손을 포개며 지금 부터 아름다운 현재의 삶을 살기로 다짐 한다.

▼인용 및 참고서적

1. 고맙다 사랑한다 — 김홍식
2. 긍정의 삶 — 로버트 슐러
3. 긍정의 힘 — 조엘오스틴
4. 긍정적인 말의 힘 — 할 어빈
5. 끌리는 사람은 1%가 다르다 — 이민규
6. 나를 변화시키는 좋은 습관 — 한창옥
7. 나에겐 지금 못할 것이 없다 — 켈린터너
8. 나의 몸 값을 10배 높이는 6가지 방법 — 페기 시몬슨
9. 네 안에 잠든 거인을 깨워라 — 앤서니 라빈스
10. 당당한 후반생 — 모리야 히로시
11. 따뜻한 카리스마 — 이종선
12. 마음의 기적 — 디팩 초프라
13. 마시멜로 이야기 — 호아킴 데포사다 · 엘런 싱어
14. 무지개 원리 — 차동엽
15. 바보들은 남의 탓만 한다 — 존G밀러
16. 배려 — 한상복
17. 변화의 힘 — 죠지 싱
18. 보물지도 — 모치즈키 도시타가
19. 블링크 — 말콤글레드웰
20. 사람이 따르는 말, 사람이 떠나는 말 — 히구치 유이치
21. 사소한 것에 목숨 걸지마라 — 리처드 칼슨
22. 삶이 아름다운 이유 — 로렌스베인즈 · 댄맥브레이어
23. 생각의 지도 — 리처드 니스벳
24. 설득의 심리학 — 로버트 치알티니
25. 성경이야기 — 풀임
26. 성공의 주물을 걸어라 — 김진배
27. 성공하는 사람들의 7가지 습관 — 스티븐 코비
28. 성취심리 — 브라이언 트레이시
29. 세상에 나를 이기는 역경은 없다 — 월터 앤더슨
30. 시크릿 — 린다 번
31. 싱크(Think) — 마이클르고
32. 아침형인간 — 사이쇼 히로시
33. 에너지 발전소 — 짐로허 외 1
34. 열정의 중심에 서라 — 백정군
35. 인생수업 — 엘리자베스 퀴블러 로스 · 데이비드케슬러
36. 인생은 축복 — 스테판M 폴란
37. 인생의 맥을 짚어라 — 잭 캔필드 마크 빅터 한센
38. 인생의 목적 — 할 어빈
39. 자랑하라 — 페이 클라우스
40. 지금 당장 시작하라 — 배타파버
41. 지금 이 순간을 즐겨라 — 에크하르트툴레
42. 칭찬은 고래도 춤추게 한다 — 켄블랜챠드 외
43. 코끼리를 들어올린 개미 — 빈스 포센트
44. 탈무드 — 마빈 토케어
45. 페페로니 전략 — 옌스 바이트너
46. 행복 — 리즈호가든
47. 행복 — 스펜서존스
48. 행복공장 — 레이도스
49. 행복의 공식 — 슈테판클라인
50. 행복한 이기주의자 — 웨인 다이어
51. 희망의 힘 — 제롬 그루프먼
52. KBS 다큐멘터리 마음
53. ACTION — 로버트 링거
54. 감사의 힘 — 데보라 노빌
55. 하나님의 인생레슨 — 릭 워렌
56. 뇌파 진동 — 일지 이승헌
57. 승자독식사회 — 로버트 프랭크 · 필릭 쿡
58. 행복한 사람 — 토드홉킨스, 레이 할버트
59. Choice — 테드 윌리
60. 그래도 계속 가라 — 조셉 M 마셜
61. 당신은 누구를 위해 일하십니까 — 이영대
62. 몰입 — 황농문
63. 지금 행복하라 — 앤드류 매튜스
64. 백만불짜리 열정 — 이채욱
65. 선택받은 나 — 곽준식
66. 성공을 만드는 강력한 힘 집중 — 리사 헤인버그
67. 꿈꾸는 다락방 — 이지성
68. 생각한 것은 즉시 하라 — 고미야 가즈요시

▼인용 및 참고서적

69.	끌어당김의 법칙	마이클로지에		102.	피터드러커의 인생경영	이재규
70.	스펀지 2.0 공부 잘하는 법	KBS〈스펀지 2.0〉제작팀, 신민섭		103.	두뇌사용 설명서	다카하시게이지
				104.	심리의 발견	빅터 프랑클
71.	슈퍼기억력의 비밀	에란카츠		105.	마음 읽기	윌리암이케스
72.	심리학의 즐거움	크리스라반·쥬디윌리엄스		106.	EQ감성지능	대니얼콜먼
73.	자신감	로자베스 모스 캔터		107.	브레인룰스	존 메디나
74.	지혜는 천개의 눈을 가졌다	마빈 토케이어		108.	뇌과학	이케가야유지
75.	시간도둑을 잡아라	나츠카와 카오		109.	챔피언의 심리학	제임스 배럴 외 1
76.	굿바이 허둥지둥	켄블랜차드·스티브 고트리		110.	공부하는 독종이 살아남는다	이시형
77.	영향력	크리스 와이드너		111.	마음을 다스리는 기술	이지드로 페르낭데
78.	내가 상상하면 현실이 되다	리차드 브랜슨		112.	불평없이 살아보기	윌보웬
79.	나를 찾는 셀프심리학	토니 험프리스		113.	1% 다르게	김영안
80.	술 취한 코끼리 길들이기	아잔브라흐마		114.	마음은 어떻게 작동하는가	스티븐핑커
81.	목적	니코스 마우르코지아니스		115.	영재철학	미쿠리야 료이치
82.	당신이 답이다	정철화·이정선		116.	유쾌한 심리학	박지영
83.	한 번에 합격하는 올패스 공부법	서상훈·서상민		117.	윤리적 뇌	마이클 S. 가자니가
84.	솔매니지먼트	하인호		118.	행복의 비밀	애덤잭슨
85.	행복통조림	송길원		119.	꿈(말하는 대로 이루어진다)	유카와 쿄코
86.	how to be happy	소냐 류보머스키		120.	된다, 된다, 나는 된다	니시다 후미오
87.	젊음의 탄생	이어령		121.	성공의 법칙	맥스웰 몰츠
88.	신념이 마력	클로드 브리스톨		122.	리얼리티 트랜서핑 1·2·3	바담젤라도
89.	가슴 뛰는 삶	강현구		123.	하루라도 공부만 할 수 있다면	박철범
90.	연금술사의 비밀	팔라오 폰스		124.	위대한 잠재력	커트 W 모텐슨
91.	내 안의 CEO 전두엽	엘코논 골드버그		125.	드림셀러	아우구스트쿠리
92.	이기적 유전자	리처드 도킨스		126.	탤런트코드	대니얼코일
93.	뇌 생각의 출현	박문호		127.	행복참고서	김현태
94.	심리학의 모든 것	피터 카이저 외 1		128.	죽음이 눈뜨게 한 삶	김성찬
95.	행복의 지도	에릭 와그너		129.	에너지 강점	마커스 버킹엄
96.	뇌의 기막힌 발견	스티븐 후안		130.	습관을 이기는 힘	맥 R 더글러스
97.	진정한 행복	볼프 슈나이더		131.	50번째 법칙	로버트 그린 외
98.	행복한 사람이 성공한다	조현 외 1		132.	잠재의식의 힘	조셉 머피
99.	마지막 강의	랜디포시		133.	내공	공병호
100.	생각의 오류	토머스키다		134.	죽을 때 후회하는 25가지	오츠 휴이치
101.	제7의 감각	윌리엄디간		135.	내 몸 사용설명서	마이클 로이첸 외

성공습관

초판발행 _ 2010. 3. 31
초판인쇄 _ 2010. 3. 25
저   자 _ 문 종 술
발 행 인 _ 도서출판 **고려동**
박 은 곳 _ (주) 삼립프레스
　　　　　　srpress@naver.com
　　　　　　T. 051) 256-8200-1

정 가 13,000원　　＊ 잘못된 책은 바꾸어 드립니다.

저자의 허락없이 이 책의 일부 또는 전부를
무단 복제 · 전제 · 발췌할 수 없습니다.